大学实验室基础训练教程

—— 化学与生物专业

主　编　许晓风
副主编　周　学　袁学智　夏文静
　　　　张　亮　吴金龙　姜海建

东南大学出版社
SOUTHEAST UNIVERSITY PRESS
·南京·

图书在版编目(CIP)数据

大学实验室基础训练教程:化学与生物专业 / 许晓风主编. — 南京:东南大学出版社,2018.6(2025.8 重印)
ISBN 978 - 7 - 5641 - 7804 - 8

Ⅰ. ①大… Ⅱ. ①许… Ⅲ. ①高等学校-实验室-工作-教材②化学实验-高等学校-教材③生命科学-实验-高等学校-教材 Ⅳ. ①G647.62

中国版本图书馆 CIP 数据核字(2018)第 122961 号

大学实验室基础训练教程——化学与生物专业

出版发行	东南大学出版社
出 版 人	江建中
社　　址	南京市四牌楼 2 号
邮　　编	210096
网　　址	http://www.seupress.com
经　　销	各地新华书店
印　　刷	广东虎彩云印刷有限公司
开　　本	700 mm×1000 mm　1/16
印　　张	12
字　　数	300 千字
版　　次	2018 年 6 月第 1 版
印　　次	2025 年 8 月第 2 次印刷
书　　号	ISBN 978 - 7 - 5641 - 7804 - 8
定　　价	38.00 元

* 本社图书若有印装质量问题,请直接与营销部联系,电话:025 - 83791830。

前言

实验教学是大学化学、生物学、环境保护学、制药学等实验学科专业教学内容和环节的重要组成部分,实验室安全意识、实验室行为规范、实验基本操作技能是每位实验学科专业毕业生的基本专业素养。然而,在大学阶段,虽然很多基础课、专业课都设有实验教学内容,都对学生进行了一定程度的实验安全意识、实验行为规范、实验操作技能方面的培养与教育,但由于缺少一门全面而系统的有关实验意识、实验行为规范、实验技能课程来培养训练学生的综合实验技能,致使不少同学即便到了大学毕业阶段,其所具备的实验意识、实验素养、实验操作技能都还不尽如人意。近年来,高校实验室因学生实验行为不规范、实验操作不当所引发的安全事故时有发生,用人单位对现今大学毕业生的实际操作能力也多有抱怨,研究生导师们对研究生新生的实验操作能力及实验习惯亦不满意。

事实上,在高校不少理工科专业的学生中,实验安全意识淡薄,实验行为不规范,常用实验室仪器设备、用品、用具、实验药品不能熟练使用,基本实验技能低下一直是个老生常谈的问题。寻求解决这一问题的有效方法,努力使我院入学新生的实验室安全意识、实验室行为规范、实验室常用仪器设备、用品、药品用具的规范使用知识及基本实验技能得到系统培养,使学生的整体实验素质、实验技能、实验行为规范得到普遍提升一直是我们孜孜以求的目标。为此,我们尝试在大学实验学科专业新生中开设"大学实验室基础训练"课程,并在课程结束时进行全面考核,考核合格后向每位合格学生颁发实验资格合格证,学生只有拿到此实验资格合格证才能进实验室做实验。这本《大学实验室基础训练教程——化学与生物专业》正是顺应这门基础实验课程的开设而专门编写的。本教程由南京师范大学泰州学院化学与生物工程学院几个相关专业的一线实验课教师编写。绪论及第一章内容由袁学智编写,第二章内容由周学编写,第三章内容由夏文静编写,第四章内容由夏文静、张亮、姜海建编写,第五章内容由姜海建编写。图表设计、编排由吴金龙负责,全书由许晓风和周学负责统稿。由于化学、生物专业实验室基础训练教程内容涉及面广,相关知识分散,内容组织难度较大,加之编写时间比较仓促,在编写过程中难免有疏漏不妥之处,敬请读者批评指正。

编 者

2017 年 11 月

目 录

绪论 ·· 1

第一章 实验室安全 ··· 5

第一节 实验前准备 ··· 5
一、实验室守则 ··· 5
二、实验室安全个人须知 ··· 8
三、实验前准备工作 ··· 8

第二节 实验室用电安全 ·· 9
一、实验室安全用电常识 ··· 9
二、触电急救措施 ·· 9

第三节 实验室防火安全 ··· 12
一、实验室防火安全须知 ·· 12
二、实验室防爆常识 ·· 13
三、灭火基本知识 ··· 14
四、化学品火灾灭火措施 ·· 15
五、实验室火灾逃生自救 ·· 19

第四节 化学品安全 ·· 21
一、化学品采购 ··· 22
二、化学品保存 ··· 22
三、化学品使用 ··· 23
四、化学品事故应急救援 ·· 24

第五节 化学、生物实验室常用安全标识 ··· 25

第二章 实验室常用器皿、用具与规范使用 ·· 30

第一节 玻璃器皿 ··· 30
一、综述 ·· 30
二、玻璃仪器的洗涤 ·· 48
三、玻璃仪器的干燥和存放 ·· 53

I

第二节　其他材质的器皿 ·· 54
一、石英玻璃仪器 ·· 54
二、瓷器和其他非金属材料器皿 ···································· 55
三、塑料制品 ·· 56
第三节　辅助仪器 ·· 57

第三章　实验室常用仪器设备及规范使用 ···························· 61
第一节　量器的使用 ·· 61
一、电子天平 ·· 61
二、移液枪 ·· 65
第二节　培养箱的使用 ·· 67
一、恒温振荡培养箱 ·· 67
二、恒温静置培养箱 ·· 69
三、光照培养箱 ··· 70
第三节　加热及灭菌设备 ·· 72
一、微波炉使用 ··· 72
二、恒温水浴锅 ··· 73
三、恒温水浴振荡器 ·· 75
四、高压蒸汽灭菌锅 ·· 76
五、电热鼓风干燥箱 ·· 78
六、旋转蒸发器 ··· 79
第四节　分光光度计及酸度计 ······································ 81
一、722 型可见分光光度计 ··· 82
二、数字酸度计 ··· 86
第五节　制冷设备 ·· 90
一、-86℃超低温冰箱 ·· 90
二、雪花机 ·· 93
第六节　离心机及捣碎机 ·· 95
一、离心机 ·· 95
二、高速冷冻离心机 ·· 97
三、电动高速组织捣碎机 ··· 99
四、样品粉碎机 ··· 101
第七节　显微镜以及超净工作台 ···································· 102

一、显微镜 ………………………………………………………………… 102
　　二、三目生物显微镜 ……………………………………………………… 104
　　三、显微熔点测定仪 ……………………………………………………… 106
　　四、超净工作台 …………………………………………………………… 108
　第八节　通风橱及真空循环泵 ………………………………………………… 109
　　一、通风橱 ………………………………………………………………… 110
　　二、循环水多用真空泵(SHZ-3) ………………………………………… 111
　第九节　制药相关设备 ………………………………………………………… 113
　　一、压片机(手动式) ……………………………………………………… 113
　　二、溶出实验仪(RCY-808) ……………………………………………… 115
　　三、崩解时限测定仪(LB-2D) …………………………………………… 117
　第十节　其他设备 ……………………………………………………………… 119
　　一、超声波细胞破碎仪(JY96-Ⅱ) ……………………………………… 119
　　二、PCR仪 ………………………………………………………………… 121
　　三、电泳仪 ………………………………………………………………… 124
　　四、垂直电泳槽 …………………………………………………………… 126
　　五、超声波清洗仪 ………………………………………………………… 128
　　六、磁力搅拌器 …………………………………………………………… 129
　　七、超净工作台 …………………………………………………………… 131

第四章　基础实验技能综合训练 ………………………………………………… 134
　第一节　综合实验一　溶液的配制 …………………………………………… 134
　　一、实验原理及用途 ……………………………………………………… 134
　　二、实验器材 ……………………………………………………………… 135
　　三、实验药品 ……………………………………………………………… 135
　　四、实验内容 ……………………………………………………………… 135
　　五、注意事项 ……………………………………………………………… 140
　第二节　综合实验二　微生物基础实验 ……………………………………… 143
　　一、消毒和灭菌技术 ……………………………………………………… 144
　　二、无菌操作技术 ………………………………………………………… 147
　　三、PDA培养基的配制 …………………………………………………… 149
　　四、真菌的形态观察 ……………………………………………………… 152
　第三节　综合实验三　植物组织中可溶性蛋白的测定 ……………………… 154

一、实验目的 …………………………………………………………… 155
　　二、实验原理 …………………………………………………………… 155
　　三、试剂与器材 ………………………………………………………… 156
　　四、实验步骤 …………………………………………………………… 156
　　五、注意事项 …………………………………………………………… 157
　附录1：分光光度计的使用 ………………………………………………… 158
　第四节　综合实验四　滴定分析 …………………………………………… 160
　　一、实验目的 …………………………………………………………… 160
　　二、实验原理 …………………………………………………………… 160
　　三、主要仪器和试剂 …………………………………………………… 161
　　四、实验步骤 …………………………………………………………… 162
　　五、数据处理 …………………………………………………………… 163
　　六、注意事项 …………………………………………………………… 164
　　七、思考题 ……………………………………………………………… 166
　第五节　综合实验五　减压蒸馏 …………………………………………… 166
　　一、实验目的 …………………………………………………………… 166
　　二、实验原理 …………………………………………………………… 166
　　三、主要仪器装置 ……………………………………………………… 168
　　四、实验步骤 …………………………………………………………… 169
　　五、数据处理 …………………………………………………………… 170
　　六、注意事项 …………………………………………………………… 170
　　七、思考题 ……………………………………………………………… 171
第五章　实验室"三废"处理与实验收尾工作 ……………………………… 172
　第一节　实验室废弃物的处理 ……………………………………………… 172
　　一、实验室废弃物的收集方法 ………………………………………… 173
　　二、实验室废弃物的处理方法 ………………………………………… 173
　第二节　实验结束注意事项 ………………………………………………… 179
　　一、实验室台面药品仪器等整理、归位 ……………………………… 179
　　二、实验室水电安全及清洁卫生工作 ………………………………… 180
　　三、实验数据的及时处理 ……………………………………………… 180
参考文献 ……………………………………………………………………… 182

绪 论

科学技术是第一生产力。随着我国改革开放事业进入新的发展时代,我国科学技术事业蓬勃发展、日新月异,以生物技术、信息技术、新材料技术、新能源技术、空间技术、海洋技术为代表的六大高新技术正在成为推动我国经济社会各项事业向前发展的强劲动力,六大高新技术领域的专业人才需求十分旺盛,这种需求不仅体现在专业人才的数量方面,更体现在专业人才的质量方面。然而,随着高校招生规模的不断扩大,人才培养的数量虽在稳步增加,但人才培养的质量却未同步跟上,这从近几年很多企事业单位用人反映和高校研究生招生面试反馈的情况即可窥见一斑。目前,多数用人单位对理工科大学毕业生的一个普遍反映是,有相当一部分毕业生走上工作岗位之后只会纸上谈兵,既不会动手解决实际问题也不会进行具体的实验操作。很多研究生导师也普遍反映,新入学研究生的动手能力、实验操作能力低下,实验室行为不规范,需要进行较长一段时间的系统培训方能进入实验室正常地开展实验工作。高校实验室因学生实验操作不当引发的安全事件也并不罕见。

事实上,目前不少理工科高校的大多数专业都未将本科生系统的基础实验训练列入人才培养计划,都未对本科生进行实验课的重要性教育与系统的基础实验训练,致使不少学生的实验意识及实验室安全意识淡薄、实验态度不够端正、实验行为不甚规范、基本实验技能低下。具体表现在：实验前不认真预习、准备；实验室内大声喧哗，乱跑乱串，食物饮品随便带入实验室；不注意实验室的安全卫生，废弃物乱丢乱扔；不熟悉也不会使用实验室的常用仪器设备、实验器皿用具；不会正确配制常用的实验药品试剂，不按操作规程使用大型仪器设备、不按实验指导书的实验步骤进行实验操作；实验记录不认真，实验结果分析马虎了事；实验结束后实验室整理不到位等。

造成当前大学生实验意识淡薄、实验态度不够端正、实验行为不规范、实验操作能力普遍偏低的原因可能是多方面的，例如：

(1) 很多学生进入大学学习阶段以后依然保持着在中学学习阶段所养成的重理论轻实践的学习习惯，对实验课重要性的认识始终不足，重视程度始终不够。在中学学习阶段，理论学习是每个学生的首要任务，高考录取与否仅凭一纸高考成绩，而高考成绩又只有理论考试成绩，没有实验考试成绩，因此，不仅学生视理论如命，就是家长和学校老师都会把学生的理论学习作为他们监督和施教的重点。尽管现在对各级各类中学都要求建立化学、物理及生物方面的实验室，并要求开设必要的实验课程，但是实际的实验课开出率与开出效果却不理想，中学生的基本实验技能和动手能力实际上并未得到应有的培养，更为严重的是，学生对科学实验重要性的认识严重不足。

(2) 高校未能针对入学新生中普遍存在的重理论轻实验、实验重要性意识淡薄、基本实验操作技能缺失的现象提出行之有效的应对策略。学生重理论轻实验的观念在整个大学学习期间都未能得到有效转变，基本实验操作技能也未能得到必要的补漏与系统的培训。

(3) 在大学学习阶段，虽然很多课程都开设有实验课，但这些实验课开设的目的多数是围绕验证某个理论问题或应用问题的，都未能将实验的重要性教育、实验的安全意识教育、实验室行为规范、良好实验习惯的培养、基本实验操作技能的训练作为所开实验课的主要教学目标，结果是实验课程虽然开设不少，但学生的实验意识依然淡薄，实验行为依然不甚规范，良好的实验习惯难以养成，实验操作技能依然提高不明显，实际动手能力依然较差。

为了从根本上提高当今大学生的实验素养、实验意识、实验技能和动手能力，解决高校人才培养过程中必须认真面对和切实需要解决的现实问题，我们认为在理工科大学新生中广泛开展实验课重要性教育、实验室安全教育、实验室行为规范教育、基础实验技能系统培训教育十分必要。为此，南京师范大学泰州学院化学与生物工程学院率先在国内理工科高校中开展了这方面的教育实践，并组织相关专业教师结合自身的教学实践编写了《大学实验室基础训练教程——化学与生物专业》一书。

本教程内容共由五章构成。

第一章为实验室安全教育的相关内容，包括学生进实验室前应了解的实验室相关安全管理规定、实验前的准备工作、实验室安全用电常识及触电急救措施、实验室防火安全、化学品安全、实验常用安全标识等内容，目的是使学生在进实验室前，对实验室相关管理规定有一个初步的了解，重视实验前准备工作，对实验室用电、防火、化学品安全有一清晰明确的概念，对实验室安全事故有一定的应急知识和应急能力。

第二章为化学、生物及制药类专业实验室常用玻璃器皿、用品用具的性能、用途及使用操作规范，内容包括实验室玻璃器皿、用品用具的性能、用途及正确使用方法。目的是使学生掌握实验室各种玻璃器皿、用品用具的用途，了解使用时的注意事项，正确熟练使用这些常用的玻璃器皿、用品用具。

第三章为化学、生物及制药类专业实验室常用仪器设备性能、用途及使用操作规范，内容包括常用仪器设备的性能、用途介绍及正确使用方法。目的是使学生掌握相关仪器设备的用途，了解使用时的注意事项，培养学生独立操作常用仪器设备的能力。

第四章为化学、生物及制药类专业常用典型实验介绍及具体操作，包含无机、分析、有机、生化、微生物及制药等多门基础实验课中具有共性的基本实验操作内容，是化学、生物及制药类专业必须要掌握的基本实验技能。目的是使学生将前几章的内容与实际操作相结合，通过几个实验的具体操作，熟练掌握基本的实验操作技能。

第五章为实验结束的相关内容,包括实验过程中产生废弃物的处理及实验结束后的注意事项,目的是规范学生实验操作习惯,使学生了解并能正确处理实验过程中产生的废气、废液、废渣,重视实验结束后的相关工作事项。

本教程适合于化学、生物及制药类专业新生使用,可作为新生实验室准入课程。在课程结束后,对考试、考核合格的学生颁发实验资格合格证,学生可凭实验资格合格证进实验室做实验。

第一章
实验室安全

本章为实验室安全教育相关内容,包括学生进实验室前应了解的实验室相关安全管理规定、实验前的准备工作、实验室安全用电常识及触电急救措施、实验室防火安全、化学品安全、实验常用安全标识等内容,目的是使学生在进实验室前对实验室相关管理规定有一个初步的了解,重视实验前准备工作,对实验室用电、防火、化学品安全有明确的概念,并对实验室安全事故有一定的应急能力。

第一节 实验前准备

学生在进入实验室前,需熟知实验室各项规章制度,遵守实验室各项守则,做好进入实验室前的各项准备。

一、实验室守则

(一)实验室安全守则

1. 实验室必须确保人员、设备的安全,牢固树立"安全第一"的观念。

2. 进入实验室的一切人员必须严格遵守实验室的各项规章制度。

3. 实验室要严格遵守国家法律法规和学校规章制度,制定本实验室安全制度、操作规程和应急预案。

4. 严格执行安全制度,防火制度,危险品的存放、领用、清毁制度;加强"三保"(保卫、保安、保密);做到"十防"(防火、防盗、防尘、防潮、防冻、防损、防爆、防震、防毒、防放射性污染)。

5. 实验室要严格遵守国家环境保护工作的有关规定,不得随意排放废气、废水,不得随意丢弃废物,不得污染环境。

6. 执行国家有关技术安全和工业卫生的规定,做好清洁卫生。重视"三废"处理,实验器材存放必须整齐牢固,讲究文明。

7. 各种安全防范和劳动保护设施要准备齐全,不允许任何人以任何借口借用或挪用。

8. 每个实验室要设置一名兼职安全技术员负责检查、监督各项安全制度的贯彻执行。学院主管部门应经常检查实验室的安全工作,对违章操作、玩忽职守、忽视安全而造成的失火,被盗,严重污染,中毒,人身重大损伤,精密、贵重仪器设备损坏严重等重大事故要严肃处理,直至追究刑事责任。

9. 用电需确保安全,严禁乱接乱拉电线。

10. 实验人员必须保持高度的安全意识和责任感,熟悉实验室及周围环境,如水阀、电闸、安全门、灭火器及室外水源的位置。

11. 下班时必须关闭电源(确因特殊需要不能关闭的必须做好安全防范)、水源、气源、门窗。最后离开实验室者要负责检查。

12. 出现意外事故时保持镇定,采取有效的自救措施及时逃生报警,如有可能,采取力所能及的控制措施。

(二) 学生实验守则

1. 实验前,学生按实验教师的预习要求做好预习并提交预习报告,预习不合格或无故迟到 5 min 以上者,实验教师有权取消其实验资格。

2. 实验前必须接受安全教育,实验时必须注意安全,防止人身和设备事故的发生。

3. 学生进入实验室必须严格遵守实验室的各项规章制度。认真学习实验室规则、仪器设备操作规范和安全注意事项,对有特殊要求的实验,必须按要求穿戴安全防护用具。保持实验室的严肃、安静,不得在实验室内大声喧哗、嬉闹,不准在实验室内进食、吸烟和乱吐乱丢杂物。

4. 学生必须严格遵守操作规程,服从实验教师或实验技术人员的指导,对严重违反实验室规章制度、操作规程或不听指导的学生,实验教师有权责令其停止实验。对造成仪器设备损坏、丢失工具者,按学校有关管理规定处理;造成事故者,追究其相关责任。

5. 进入实验室要穿实验服,不得在室内随便串走、饮食、乱扔杂物。不准搬弄与本实验无关的仪器设备,实验过程中保持安静,不得喧哗。不得将与实验无关的物品带入实验室,不得将实验室物品带出实验室。

6. 学生不得在实验室饮食、娱乐、使用化妆品,实验室操作用的玻璃容器、器皿不能用来盛载食物和饮料,实验室的冰箱、冰柜不可存放食物。

7. 学生应以实事求是的科学态度进行实验,认真操作,仔细观察,做好原始实验记录。实验记录是撰写实验报告的主要依据,内容要求真实、客观地反映实际情况,实验结果须经实验教师认可。

8. 使用仪器设备时,应严格遵守操作规程,若发现异常现象应停止使用,并及时向实验指导人员报告。如违反操作规程或不听从指导而造成仪器设备损坏等事故者,按学校有关规定进行处理。

9. 严防事故,确保实验室的安全。发现异常情况,及时报告实验教师,并采取相应的措施,减少事故造成的损失。实验完成后,归还仪器、工具,清理实验场地,经实验教师同意后,方可离开实验室。

10. 增强学生的安全环保意识,按有关规定领用、存放和处理生化试剂、放射物品、剧毒物品、病菌、动物等实验用品。

11. 独立完成实验报告,不得抄袭或臆造,作图、单位、符号、排版格式符合规范。纸质实验报告用钢笔或圆珠笔书写,文字工整,也可用A4纸计算机打印。按时将实验报告交给实验教师或在管理系统中提交电子版。

12. 实验完毕应清理实验场地,并将仪器、工具等放还原位,经指导老师同意后方可离开实验室。

二、实验室安全个人须知

1. 严格遵守实验室各项规章制度和仪器设备操作规程。

2. 参加实验时,不能穿拖鞋、短裤。女生不能穿裙子,并应把长发束好。操作感染性、有毒物质或高温物品时,必须戴上保护手套。

3. 实验室内部不允许用电炉烧水、做饭等,生活用品不能带入实验室。严格执行电气安装维修规程,严禁私拉私接电线。

4. 实验过程中必须保持桌面和地板的清洁和整齐,与正在进行实验无关的药品、仪器和杂物不允许放在实验桌面上。实验室里的一切物品务必分类整齐摆放。

5. 熟悉在紧急情况下的逃离路线和紧急疏散方法,清楚灭火器材的位置。禁止往水槽内倾倒杂物和强酸、强碱及有毒的有机溶剂。

6. 在不危及自身和他人重大人身安全的情况下,采取有效措施,包括自己采取行动、报警、呼叫他人及专业人员协助采取行动等方式保护国家财产少受损失。在可能危及自身或他人重大人身安全的情况下,以采取保护自身和他人安全为重点,措施包括撤离危险现场、自救、互救、报警等方式。

三、实验前准备工作

1. 实验前必须认真预习有关实验内容的实验指导书和教材,理解实验目的、原理和方法,并写出实验预习报告。

2. 必须熟知实验室的各项规章制度,了解实验室规则、仪器设备操作规范和安全注意事项。

3. 在老师指导下准备好本次实验涉及药品及试剂的配制工作。

第二节　实验室用电安全

违章用电常常可能造成人身伤亡、火灾、损坏仪器设备等严重事故。化学与生物专业实验室使用电器较多,特别要注意安全用电。

一、实验室安全用电常识

1. 实验室的电路容量、插座等应满足仪器设备的功率需求,大功率的电器设备应单独布线。
2. 确认仪器设备完好后方能接电使用。
3. 仪器设备应有良好的散热环境,远离热源和可燃物体,确保仪器设备接地接零完好。
4. 不得擅自拆改电器线路、修理电器设备,不得乱拉乱接电线。
5. 使用电器设备时,应保持手部干燥。当手、脚或身体沾湿或站在潮湿的地板上时,切勿启动电源开关、触摸通电的电器设备。
6. 对于长时间不间断使用的电器设备,需采取必要的预防措施。
7. 对于高电压、大电流的危险区域,应设立警示标识,不得擅自进入。
8. 存在易燃易爆化学品的场所,应尽量避免产生电火花或静电。
9. 发生电器火灾时,首先要切断电源,尽快拉闸断电后再用水或灭火器进行灭火。在无法断电的情况下应使用干粉或二氧化碳等不导电灭火剂来扑灭火焰。

二、触电急救措施

(一) 尽快让触电人员脱离电源

应立即关闭电源或拔掉电源插头,若无法及时找到或断开电源,可用干燥的木棍或竹竿等绝缘物挑开电线,不得直接触碰带电物体和触电者裸露部位。见图 1-1。

图 1-1 可用干燥的木棍或竹竿等绝缘物挑开电线

(二) 实施急救并求医

触电者脱离电源后,应迅速将其移到通风干燥的地方仰卧。若触电者呼吸、心跳均停止,应在保持触电者气道通畅的基础上,立即交替进行人工呼吸和胸外按压等急救措施,同时立即拨打急救电话,尽快将触电者送往医院,途中继续进行心肺复苏术。

(三) 人工施救要点

1. 将伤者仰卧,面部向上,取出口中异物,颈后部加垫软枕或用衣物代替,使其头部尽量后仰以保持气道通畅。

2. 施救者位于伤者头旁,一手捏紧伤者鼻子,以防空气从鼻孔漏掉。同时用口对伤者的口吹气,在伤者胸壁扩张后,即停止吹气,让伤者胸壁自行回缩,呼出空气。如此反复进行,每分钟约 12 次。如伤者牙关紧闭,施救者可口对鼻进行人工呼吸,注意不要让嘴漏气,方法同上。

3. 吹气要快而有力。此时要密切注意伤者的胸部,如胸部有活动后,立即停止吹气,并将伤者的头偏向一侧,让其呼出空气。见图 1-2。

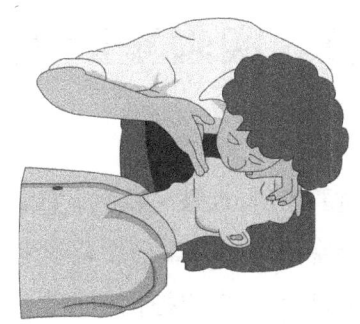

图 1-2 人工呼吸示意图

(四) 胸外按压施救要点

1. 找准按压部位,右手的食指和中指沿触电者的右侧肋弓下缘向上,找到肋骨和胸骨接合处的中点;两手指并齐,中指放在切迹中点(剑突底部),食指平放在胸骨下部;另一只手的掌根紧挨食指上缘,置于胸骨上,即为正确按压位置。

2. 按压动作不走形:两臂伸直,肘关节固定不屈,两手掌根相叠,每次垂直将成人胸骨压陷 5~6 cm,然后放松。

3. 以均匀速度进行,每分钟 100 次左右。见图 1-3。

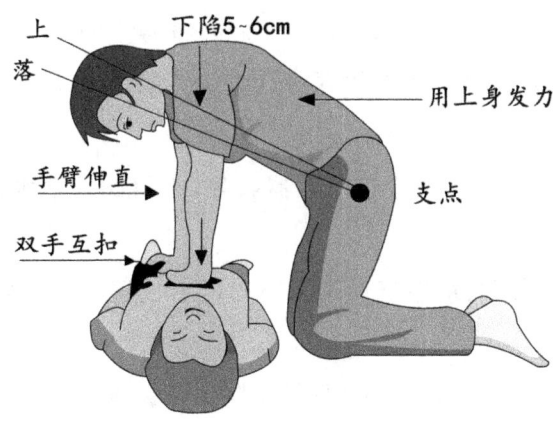

图 1-3 胸外按压示意图

第三节 实验室防火安全

实验室是科研、教学的重要场所,也是易发生火灾爆炸危险的地方。在各类实验室中,化学与生物专业实验室因使用易燃易爆化学危险物品数量、种类较多,实验条件较复杂,火灾危险性也最大,所以应把化学与生物专业实验室作为实验室防火工作的重点。

一、实验室防火安全须知

1. 实验室必须存放一定数量的消防器材,消防器材必须放置于便于取用的明显位置,并指定专人保管,全体人员要爱护消防器材,并按要求定期检查更换。

2. 实验室存放的一切易燃、易爆物品(如氢气、氧气等)必须与火源、电源保持一定距离,不得随意堆放、使用和存储。有易燃、易爆物品的实验室严禁烟火。

3. 操作、倾倒易燃液体时,应远离火源。加热易燃液体必须在水浴上或密封电热板上进行,严禁用火焰或火炉直接加热。

4. 使用酒精灯时,酒精切勿装满,应不超过其容量的1/3,灯内酒精不足1/4容量时,应灭火后添加酒精。燃着的酒精灯应用灯帽盖灭,不可用嘴吹,以防引起灯内酒精起燃。

5. 易燃液体的废液,应设置专门容器收集,不得倒入下水道,以免引起爆炸事故。

6. 可燃性气体钢瓶与助燃气体钢瓶不得混合放置,各种钢瓶不得靠近热源、明火,禁止碰撞与敲击。

7. 严禁在楼内走廊上堆放物品,保持消防通道畅通。

二、实验室防爆常识

部分化学品在外界作用下(如受热、受压、撞击等)发生剧烈化学反应,瞬间产生大量的气体和热量,使周围压力急剧上升,发生爆炸。常见易爆炸化学试剂及爆炸极限见表1-1和表1-2。

表1-1 常见易爆炸化学试剂

主要物质	相互作用的物质	产生结果
浓硝酸、硫酸	松节油、乙醇	燃烧
过氧化氢	乙酸、甲醇、丙酮	燃烧
高氯酸钾	乙醇、有机物、硫黄、有机物	爆炸
钾、钠	水	爆炸
乙炔	银、铜、汞化合物	爆炸
硝酸盐	酯类、乙酸钠、氯化亚锡	爆炸
过氧化物	镁、锌、铝	爆炸

表1-2 可燃气体、蒸气与空气混合时的爆炸极限

物品名称	爆炸下限(%)	爆炸上限(%)
氢气	4.1	75
甲烷	5.0	15.0
乙炔	1.5	80.0
丙酮	2.6	12.8
乙烯	2.8	28.6
苯	1.4	7.6
氨气	15.5	27.0
松节油	0.80	62
甲醇	5.5	44
高炉煤气	40~50	60~70

注:爆炸极限:可燃物质与空气(或氧气)必须在一定的浓度范围内均匀混合,形成预混气,遇着火源才会发生爆炸,这个浓度范围称为爆炸极限。
爆炸下限:预混气遇火源即能发生爆炸的最低浓度。
爆炸上限:预混气遇火源即能发生爆炸的最高浓度,超过此浓度就不会发生爆炸。

三、灭火基本知识

（一）灭火的几种方式

1. 冷却灭火。对一般可燃性火灾，将可燃物冷却到燃点或闪点以下，燃烧反应就会终止，水的灭火机理主要是冷却作用。

2. 窒息灭火。通过降低燃烧物周围的氧气浓度可以起到灭火作用。通常使用的二氧化碳、氮气、水蒸气、沙土等灭火机理主要是窒息作用。

3. 隔离灭火。把可燃物与引火源或氧气隔离开来，燃烧反应就会自动终止。

4. 化学抑制灭火。使用灭火剂与链式反应的中间体自由基反应，从而使燃烧的链式反应中断，使燃烧不能持续进行。常用的干粉灭火器、卤代烷灭火剂的主要灭火机理就是化学抑制作用。

（二）几种实验室常用灭火器材的使用方法

1. 室内消防栓

消防栓也叫消火栓，是消防水系统重要的一部分，它安装在室内消防箱内，适用介质为清质水、泡沫混合液。室内消火栓通常可分为普通型、减压稳压型、旋转型等，它的灭火方式为人工用水带连接至栓口灭火，灭火机理为冷却灭火。

2. 二氧化碳灭火器

二氧化碳灭火器的灭火作用表现在：当燃烧区二氧化碳在空气中的含量达到 30%～50% 时，能使燃烧熄灭，主要起窒息作用，同时二氧化碳在喷射灭火过程中吸收一定的热能，具有一定的冷却作用。二氧化碳的灭火范围：适用于扑救 600 V 以下电气设备、精密仪器、图书、档案的火灾以及范围不大的油类、气体和一些不能用水扑救的物质的火灾。

3. 干粉灭火器

干粉灭火器的作用表现在：一是消除燃烧物产生的活性游离子，使燃烧的连锁反应中断；二是干粉遇到高温分解时吸收大量的热，并释放出蒸气和二氧化碳，达到冷却和稀释燃烧区域空气中氧的作用。干粉灭火器的灭火范围：适用于扑救可燃液体、气体、电气火灾以及不宜用水扑救的火灾。消防栓和二氧化碳、干粉灭火器使用方法分别见图1-4和图1-5。

1.打开或击碎箱门，取出消防水带

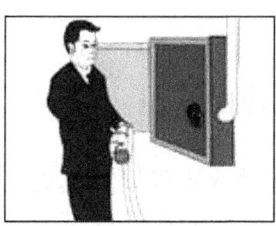
2.展开消防水带

3.水头一头接到消防栓接口上

4.另一头接上消防水枪

5.另外一人打开消防栓上的水阀开关

6.对准火源根部，进行灭火

图1-4　消防栓的使用方法

注：1.不能水平或颠倒使用灭火器。　2.灭火器严禁挪用、损坏和遮蔽。

图1-5　手提式二氧化碳、干粉灭火器使用方法

四、化学品火灾灭火措施

实验室内化学物质品种繁多，其中有很大一部分是危险化学品，分别具有不同程度的燃烧、爆炸、腐蚀和放射性等危险特性。危险化学品发生火灾事故,如果灭火方法不当、措施不得力就有可能使火灾扩大,甚至导致爆炸、中毒事故发生,造成巨大财产损失和人身伤亡。因此,从事实验室工作的人员必须掌握这些物质的理化性质,学会正确的灭火方法。

(一) 易燃和可燃液体火灾扑救

1. 液体火灾特别是易燃液体火灾发展迅速而猛烈,有时甚至会发生爆炸。这类物品发生的火灾主要根据它们的比重大小、能否溶于水等性质来确定灭火方法。一般来说,对比水轻(比重小于1)又不溶于水的易燃和可燃液体,如苯、甲苯、汽油、煤油、轻柴油等的火灾,可用泡沫或干粉灭火器进行扑救。初始起火时,燃烧面积不大或燃烧物不多时,也可用二氧化碳灭火剂扑救,但不能用水扑救。因为当用水扑救时,易燃和可燃液体比水轻,会浮在水面上随水流淌而扩大火灾。

2. 能溶于水的液体,如甲醇、乙醇等醇类,醋酸乙酯、醋酸丁酯等酯类,丙酮、丁酮等酮类发生火灾时,应用雾状水或抗溶性泡沫、干粉等灭火扑救。在火灾初期或燃烧物不多时,也可用二氧化碳扑救。如使用化学泡沫灭火时,泡沫强度必须比扑救不溶于水的易燃液体大3~5倍。

3. 敞口容器内易燃和可燃液体着火,不能用砂土扑救。因为砂土非但不能覆盖液体表面,反而会沉积于容器底部,造成液位上升以致溢出,使火灾蔓延。

(二) 易燃固体火灾扑救

1. 易燃固体燃点较低,受热、冲击、摩擦或与氧化剂接触能引起急剧及连续的燃烧或爆炸。易燃固体发生火灾时,一般都能用水、砂土、石棉毯、泡沫、二氧化碳、干粉等灭火剂扑救,但铝粉、镁粉等着火不能用水和泡沫灭火剂扑救。另外,粉状固体着火时,不能用灭火剂直接强烈冲击以避免粉尘被冲散,在空气中形成爆炸性混合物引发爆炸。

2. 磷化合物、硝基化合物和硫黄等易燃固体着火燃烧时产生有毒和刺激性气体,扑救时人要站在上风向,以防中毒。

（三）遇水燃烧物品火灾扑救

1. 此类物品共同的特点是遇水后能发生剧烈的化学反应产生可燃性气体，同时放出热量，以致引起燃烧爆炸。遇水燃烧物品火灾应用干砂土、干粉等扑救，灭火时严禁用水、酸碱灭火剂和泡沫灭火剂扑救。

2. 遇水燃烧物中，如锂、钠、钾、锶等，由于化学性质十分活泼，能夺取二氧化碳中的氧而引起化学反应，使燃烧更猛烈，所以也不能用二氧化碳扑救。

（四）自燃物品火灾扑救

1. 此类物品虽未与明火接触，但在一定温度的空气中能发生氧化作用放出热量，由于积热不散，达到其燃点而引起燃烧。自燃物品可分为三种：一种在常温空气中剧烈氧化，以致引起自燃，如黄磷；另一种受热达到燃点时，放出热量，不需外部补给氧气，本身分解出氧气继续燃烧，如硝化纤维胶片、铝铁溶剂等；还有一种在空气中缓慢氧化，如果通风不良，积热不散，达到物品自燃点即能自燃，如油纸等含油脂的物品。

2. 自燃物品起火时，除三乙基铝和铝铁溶剂等不能用水扑救外，一般可用大量的水进行灭火，也可用砂土、二氧化碳和干粉灭火剂灭火。由于三乙基铝遇水产生乙烷，铝铁溶剂燃烧时温度极高，能使水分解产生氢气。所以不能用水灭火。

（五）氧化剂火灾扑救

1. 这类物品具有强烈的氧化能力，本身虽不燃烧，但与可燃物接触即能将其氧化，而自身被还原引起燃烧爆炸。

2. 由氧化剂引起的火灾，一般可用砂土进行扑救，大部分氧化剂引起的火灾都能用水扑救，最好用雾状水。如果用加压水则先用砂土压盖在燃烧物上，再行扑灭。要防止水流到其他易燃易爆物品处。过氧化物和不溶于水的液体有机氧化剂应用砂土或二氧化碳、干粉灭火剂扑救。这是因为过氧化物遇水反应能放出氧，加速燃烧;不溶于水的液体有机氧化剂一般比重小于1(比水轻),如用水扑救时,会浮在水上面流淌而扩大火灾。

(六) 毒害物品和腐蚀性物品火灾扑救

1. 一般毒害物品着火时,可用水及其他灭火剂扑救,但毒害物品中的氰化物、硒化物、磷化物着火时,就不能用酸碱灭火剂扑救,只能用雾状水或二氧化碳等灭火。

2. 腐蚀性物品着火时,可用雾状水、干砂、泡沫、干粉等扑救。硫酸、硝酸等酸类腐蚀品不能用加压密集水流扑救,因为密集水流会使酸液发热甚至沸腾,四处飞溅而伤害扑救人员。扑救毒害物品和腐蚀性物品火灾时,还应注意节约水量和水的流向,同时注意尽可能使灭火后的污水流入污水管道。因为有毒或有腐蚀性的灭火污水四处溢流会污染环境,甚至污染水源。有害物品和腐蚀性物品火灾扑救还应搞好个人防护措施,使用防毒面盔、面罩等。

(七) 易燃气体火灾扑救

1. 易燃气体有氢、煤气、乙炔、乙烯、甲烷、氨、石油气等。这些气体具有经撞击、受热或遇火花发生燃烧爆炸的危险。

2. 为了便于储存和使用,通常情况下将很多易燃气体用加压法压缩储于容器内。由于各种气体的性质不同,有的压缩成液态,称为液化气,如液化石油气、液氨等,有的仍为气态,称为压缩气体,如氢气瓶内的氢气等。气体着火是很难灭掉的,根据国内外的实践,大部分气体着火用水是能起到降温和灭火作用的。

3. 干粉和二氧化碳也能扑灭大部分气体火灾,但对大面积气体火灾往往无能为力。因此,隔绝易燃气体来源和用大量的水进行冷却降温是灭火的主要手段。

4. 在扑救可燃气体火灾时,可燃气体如果从容器管道中源源不断地喷散出来,应首先切断可燃物的来源,然后争取一次灭火成功。如果在未切断可燃气体来源的情况下急于求成,盲目灭火,则是一种十分危险的做法。因为火焰一旦被扑灭,而可燃气体继续向外喷散,特别是比空气重的可燃气体如液化石油气等外溢,易沉积在低洼处,不易很快消散,遇明火或炽热物体等火源还会引起复燃。如果气体浓度达到爆炸极限,还会引起爆炸,很容易导致事故扩大。

(八) 爆炸物品火灾扑救

1. 爆炸物品在常温下就有缓慢分解的趋向,受到高温、摩擦、冲击或与某些特定物质接触后即发生剧烈的化学反应而爆炸。爆炸物品有导火索、雷管、三硝基甲苯、三硝基苯酚、枪弹、爆竹等。爆炸物品所引起的爆炸主要有以下四个特点:

(1) 化学反应速度快,一般以 0.000 1 s 的时间完成化学反应。

(2) 爆炸时会产生大量热能,这是爆炸物品能量的主要来源。

(3) 产生大量气体,造成高压。

(4) 不需外界供氧,爆炸物品由于分子中含有特殊的不稳定基团,在爆炸时会引起分解或自身的氧化还原反应。

2. 爆炸物品发生爆炸是很难扑救的,万一发生爆炸起火,应控制火势,妥善处理爆炸物品,以免再次发生爆炸。可用水或各种灭火剂扑救,但不能用砂土等物压盖爆炸物品,以免扩大爆炸。

3. 火灾与爆炸是危险化学品生产、储运和使用中最常见的事故,当危险化学品发生火灾时,如掌握了着火危险化学品的种类、特性,采取正确的灭火方法,就会及时控制火势,正确有效地扑救火灾。

五、实验室火灾逃生自救

熟悉实验室的逃生路径、消防设施及自救逃生的方法,平时积极参加应急逃生预演,能有效提高火灾时逃生自救能力。

1. 火灾发生时,应保持镇静,明辨方向,迅速撤离,千万不要相互拥挤、乱冲乱串,应尽量往楼层下面跑。若通道已被烟火封阻,则应背向烟火方向离开,通过阳台、窗户、天台等往室外逃生。

2. 为了防止避免火场浓烟呛入,可采用湿毛巾、湿口罩蒙鼻,匍匐撤离。见图 1-6。

图 1-6　火灾逃离方式

3. 禁止通过电梯逃生。如楼道已被烧断、通道堵死时,可通过屋顶天台、阳台、落水管等逃生,或在固定的物体上(如窗框、水管等)拴绳子,也可将床单、衣服等撕成条状连接起来,然后手拉绳子缓缓下降。见图 1-7。

图 1-7　火灾逃跑方式

4. 如无法撤离,应退居室内,关闭通向火区的门窗,还可向门窗上浇水,延缓火势蔓延,并向窗外伸出衣物或抛出物件发出求救信号,等待救援。见图1-8。

图1-8 向火区门窗上浇水

5. 如身上着了火,千万不可奔跑或拍打,应迅速撕脱衣物,或通过浇水、就地打滚、覆盖厚重衣物等方式压灭火焰。见图1-9。

图1-9 身上着火应就地打滚

6. 生命第一,不要贪恋财物,切勿轻易重返火场。

第四节 化学品安全

化学品涉及实验室工作人员的安全和环境影响,因此了解其基本常识和基本防护知识是实验室工作中的必要环节。

一、化学品采购

  1. 剧毒、易制毒、易制爆等危险化学品需要通过院系、后勤保卫处等相关部门审批,并报当地危险化学品管理部门批准后方能进行采购。

  2. 购买麻醉和精神类药物需通过学校相关部门及政府相关管理部门的审批。

  3. 一般化学品应通过学校资产部门招投标后,从具有化学品经营许可资质的中标单位中购买。

  4. 不得通过非法途径购买(获取)、私下转让危险化学品及麻醉类、精神类药品。

二、化学品保存

(一)一般原则

  1. 所有化学品和配制试剂都应贴有明显标签,杜绝标签缺失、新旧标签共存、标签信息不全或不清等混乱现象。配制的试剂和反应物等应有名称、浓度或纯度、责任人、日期等信息。

  2. 存放化学品的场所必须整洁、通风、隔热、安全,远离热源和火源。实验室不得存放大桶试剂和大量试剂,严禁存放大量的易燃易爆品及强氧化剂;化学品应密封、分类、合理存放,切勿将不相容的、相互作用会产生剧烈反应的化学品混放。

  3. 实验室应建立并及时更新化学品台账,及时清理无名、废旧化学品。

(二)危险品分类存放要求

  1. 剧毒化学品、麻醉类和精神类药品需存放在不易移动的保险柜或带双锁的冰箱内,实行"双人领取、双人运输、双人使用、双人双锁保管"的"五双"制度,并切实做好相关记录。

2. 易爆品应与易燃品、氧化剂隔离存放,宜存于 20 ℃以下,最好保存在防爆试剂柜、防爆冰箱内。

3. 腐蚀品应放在防腐蚀试剂柜的下层或下垫防腐蚀托盘,并置于普通试剂柜的下层。

4. 还原剂、有机物等不能与氧化剂、硫酸、硝酸混放。

5. 强酸(尤其是硫酸)不能与强氧化剂的盐类(如高锰酸钾、氯酸钾等)混放;遇酸可产生有害气体的盐类(如氰化钾、硫化钠、亚硝酸钠、氯化钠、亚硫酸钠等)不能与酸混放。

6. 易产生有毒气体(烟雾)或难闻刺激气味的化学品应存放在配有通风吸收装置的试剂柜内。

7. 金属钠、钾等碱金属应储存于煤油中;黄磷、汞应储存于水中。

8. 易水解的药品(如醋酸酐、乙酰氯、二氯亚砜等)不能与水溶液、酸、碱等混放。

9. 卤素(氟、氯、溴、碘)不能与氨、酸及有机物混放,氨不能与卤素、汞、次氯酸、酸等接触。

三、化学品使用

1. 实验之前应先阅读使用化学品的安全技术说明书(MSDS),了解化学品特性,采取必要的防护措施。

2. 严格按实验规程进行操作,在能达到实验目的前提下,尽量少用或用危险性低的物质替代危险性高的物质。

3. 使用化学品时,不能直接接触药品、品尝药品味道、把鼻子凑到容器口嗅闻药品的气味。

4. 严禁在开口容器或密闭体系中用明火加热有机溶剂,不得在烘箱内存放干燥易燃有机物。

5. 实验人员应佩戴防护眼镜,穿着合身的棉质白色工作服及采取其他防护措施,并保持工作环境通风良好。

四、化学品事故应急救援

发生化学安全事故,应立即报告当值老师,并积极采取措施进行应急救援,然后送医院治疗。

(一) 化学烧伤

应立即脱去沾染化学品的衣物,迅速用大量清水长时间冲洗,避免扩大烧伤面。烧伤面较小时,可先用冷水冲洗 30 min 左右,再涂抹烧伤膏;当烧伤面积较大时,可用冷水浸湿的干净衣物(或纱布、毛巾、被单)敷在创面上,然后就医。处理时应尽可能保持水疱皮的完整性,不要撕去受损的皮肤,切勿涂抹有色药膏或其他物质(如红汞、龙胆紫、酱油、牙膏等),以免影响对创面深度的判断和处理。

(二) 化学腐蚀

应迅速除去被污染衣物,及时用大量清水冲洗或用合适的溶剂、溶液洗涤受伤面。保持创伤面的洁净,以待医务人员治疗。若溅入眼内,应立即用水冲洗;如只溅入单侧眼睛,冲洗时水流应避免流经未受损的眼睛。

(三) 化学冻伤

应迅速脱离低温环境和冰冻物体,用 40 ℃ 左右温水将冰冻融化后把衣物脱下或剪开,然后在对冻伤部位进行复温的同时尽快就医。对于心跳呼吸骤停者要实施心脏按压和人工呼吸。严禁用火烤、雪搓、冷水浸泡或猛力捶打等方式作用于冻伤部位。

(四) 吸入性化学中毒

1. 采取果断措施切断毒源(如关闭管道阀门、堵塞泄漏的设备等),并通过开启门、窗等措施降低毒物浓度。

2. 救护者在进入毒区抢救之前应佩戴好防护面具和防护服。

3. 尽快转移病人,阻止毒物继续侵入人体,采取相应的措施进行现场应急救援,同时拨打120求救。

(五) 误食性化学中毒

1. **误食一般化学品** 为降低胃内化学品浓度,延缓其被人体吸收的速度,保护胃黏膜,可立即吞服牛奶、鸡蛋、面粉、淀粉、搅成糊状的土豆泥、饮水等,或分次吞服含活性炭(一般10~15 g活性炭大约可以吸收1 g毒物)的水进行引吐或导泻,同时迅速送医院治疗。

2. **误食强酸** 立刻饮服200 mL 0.17%氢氧化钙溶液或200 mL氧化镁悬浮液或60 mL 3%~4%的氢氧化铝凝胶,或者牛奶、植物油及水等,迅速稀释毒物;再服食十多个打溶的蛋做缓和剂。同时迅速送医院治疗。急救时不要随意催吐、洗胃。因碳酸钠或碳酸氢钠溶液遇酸会产生大量二氧化碳,故不要服用。

3. **误食强碱** 应立即饮服500 mL食用醋稀释液(1份醋加4份水)或鲜橘子汁将其稀释,再服食橄榄油、蛋清、牛奶等。同时迅速送医院治疗。急救时不要随意催吐、洗胃。

4. **误食农药** 对于有机氟中毒,应立即催吐、洗胃,可用1%~5%的碳酸氢钠溶液或温水洗胃,随后灌入60 mL 50%硫酸镁溶液;禁用油类泻剂。同时迅速送医院治疗。对于有机磷中毒,一般可用1%食盐水或1%~2%碳酸氢钠溶液洗胃;误食敌百虫者应用生理盐水或清水洗胃,禁用碳酸氢钠洗胃。同时迅速送医院治疗。

第五节 化学、生物实验室常用安全标识

化学、生物实验室常用安全标识见表1-3。

表1-3 生物、化学实验室常用安全标识

序号	标识	意义	序号	标识	意义
1		禁止	2		禁止吸烟
3		禁止带火种	4		禁止触摸
5		禁止靠近	6		禁止抛物
7		禁止饮用	8		禁止启动
9		禁止用水灭火	10		禁止通行
11		禁止入内	12		禁止堆放

续表 1-3

序号	标识	意义	序号	标识	意义
13		禁止转动	14		禁止戴手套
15		当心触电	16		当心火灾
17		当心感染	18		易爆
19		当心伤手	20		当心烫伤
21		当心腐蚀	22		当心中毒
23		当心电缆	24		氧化物固体
25		有毒气体	26		易燃气体

续表 1-3

序号	标识	意义	序号	标识	意义
27		易燃固体	28		遇湿易燃物品
29		一级放射性物品	30		二级放射性物品
31		腐蚀品	32		自燃物品
33		必须戴防护帽	34		必须戴防尘口罩
35		必须穿防化服	36		必须戴防化手套
37		必须戴防毒面具	38		必须戴防护眼镜
39		必须加锁	40		必须穿防化鞋

本章重点

本章主要介绍实验室安全教育相关内容，使学生熟知实验室相关安全管理规定，了解实验前的准备工作；了解实验室安全用电常识及触电急救措施，对实验室用电、防火、化学品安全有一清晰明确的概念，对实验室安全事故有一定的应急知识和应急能力。

第二章
实验室常用器皿、用具与规范使用

本章主要介绍化学、生物及制药类专业实验室常用实验室器皿、用具，包括玻璃器皿、其他材质的器皿及辅助仪器的性能、用途及使用方法、操作规范和注意事项，同时还介绍常见玻璃器皿的洗涤、干燥和保管方法。目的是使学生熟知实验室常见的各种试验器皿，并能了解它们的用途，能正确熟练地使用这些常用的玻璃器皿、用品用具。

第一节　玻璃器皿

一、综述

化学与生物学实验中需要使用大量各种玻璃仪器。玻璃具有很高的化学稳定性、热稳定性和透明性，同时还具有一定的机械强度、良好的绝缘性和易清洗等特点，是生物与化学实验室最普遍使用的仪器。玻璃的化学成分主要为 SiO_2、CaO、Na_2O、K_2O。实验室玻璃仪器种类繁多，用途各异，根据用途可以分为烧器类、量器类、容器类、分离仪器类等。

(一) 烧器类

烧器类指可用于加热的玻璃仪器,如烧杯、锥形瓶、碘量瓶、烧瓶、试管、蒸发皿等。现将常见的烧器名称、样式、主要用途、使用方法及注意事项总结如下表(表2-1)。

表2-1 实验室常见烧器

仪器名称	仪器图形	主要用途和性能	使用方法和注意事项
圆底烧瓶		一种生化实验中常用的加热与反应容器,用途广泛,有三个等级,容量分别为250 mL、500 mL和1 000 mL。可以进行加热,一般要垫上石棉网,与铁架台等夹持仪器配合使用	不能直接加热,加热时要垫石棉网,也可以用其他热浴加热。加热时,液体量不宜超过容积的1/2
平底烧瓶		一种反应容器(特别是不需加热),多用于需要长时间反应的有机实验,常用于装配气体发生器	平底烧瓶由于底部较平,当加热时会受热不均匀,因此一般不用作加热的反应器。加热时,平底烧瓶要垫上石棉网,液体量不超过烧瓶体积的1/2
双口圆底烧瓶		用于反应,可用于长时间强热使用,根据需要,瓶口分别安装搅拌器、温度计、滴液漏斗、回流冷凝管等	加热时要垫石棉网,不能用火焰直接加热
三口圆底烧瓶		用于反应,可用于长时间强热使用,根据需要,瓶口分别安装搅拌器、温度计、滴液漏斗、回流冷凝管等	加热时要垫石棉网,不能用火焰直接加热

续表 2-1

仪器名称	仪器图形	主要用途和性能	使用方法和注意事项
四口圆底烧瓶		用于反应,可用于长时间强热使用,根据需要,瓶口分别安装搅拌器、温度计、滴液漏斗、回流冷凝管等	加热时要垫石棉网,不能用火焰直接加热
锥形瓶(三角烧瓶)		反应容器,可收集液体,摇荡方便,口径小,减少反应物蒸发而造成的损失,也可用于定量分析	1. 硬质的可以加热至高温,但软质的要注意勿使温度变化过于剧烈。 2. 加热时应置于石棉网上,使其受热均匀,一般不可烧干,磨口三角瓶加热时要打开塞,非标准磨口三角瓶要保持原配塞。 3. 滴定时用手腕旋转摇动锥形瓶
烧杯		1. 物质的反应器、确定燃烧产物 2. 溶解、结晶某物质 3. 盛取、蒸发浓缩或加热溶液 4. 盛放腐蚀性固体药品进行称重	1. 给烧杯加热时要垫上石棉网。 2. 用于溶解时,液体的量不能超过烧杯容积的1/3。 3. 加热腐蚀性药品时,可将一表面皿盖在烧杯口上,以免液体溅出。 4. 不可用烧杯长时间盛放化学药品,以免落入尘土和使溶液中的水分蒸发。 5. 不能用烧杯量取液体

续表 2-1

仪器名称	仪器图形	主要用途和性能	使用方法和注意事项
碘量瓶		一般为碘量法测定中专用的一种锥形瓶,也可用作其他产生挥发性物质的反应容器。容量(mL)包括 50、100、250、500、1 000	1. 碘量瓶可以加热,但是不宜温度过高,加热时应置于石棉网上,使其受热均匀,一般不可烧干,磨口碘量瓶加热时要打开塞,非标准磨口碘量瓶要保持原配塞。 2. 塞子及瓶口边缘磨口勿擦伤,以免产生漏隙。 3. 碘量瓶一般在分析化学实验用,要求很精确
圆底蒸馏烧瓶		作液体混合物的蒸馏或分馏,也可装配气体发生器	一般避免直接火焰加热,隔石棉网或各种加热套水浴加热
试管		用作少量试剂的溶解或反应的仪器,也可收集少量气体或装配型气体发生器小	1. 可直接加热。 2. 加热固体时,管口略向下倾斜,固体平铺在管底。 3. 加热液体时,管口向上倾斜,与桌面成 45°,液体量不超过容积的 1/3,切忌管口向着人
凯氏烧瓶	50 mL	消解有机物质	加热时要置于石棉网上,瓶口方向勿对向自己及他人

(二) 量器类

量器类是指刻有较精密刻度、用于测量液体体积的玻璃仪器,如量筒、量杯、容量瓶、移液管等。实验室常见的量器名称、样式、主要用途、使用方法及注意事项总结如表 2-2 所示:

表 2-2 实验室常见量器

仪器名称	仪器图形	主要用途	使用方法和注意事项
容量瓶 (量瓶)		配制准确体积标准溶液或被测溶液	1. 不能盛热溶液或加热或烘烤。 2. 磨口塞必须密合,检查是否漏水,要在所标温度下使用,加液体用玻璃棒引流,凹液面与刻度线相切,不能长期存放溶液
酸式滴定管		分析化学中常用的滴定仪器,只能用于酸性溶液,可用于进行酸碱中和滴定实验等	1. 使用时先检查是否漏液。 2. 用滴定管取滴液体时必须洗涤、润洗。 3. 读数前要将管内的气泡赶尽,使尖嘴内充满液体。 4. 读数需有两次,第一次读数时必须先调整液面在 0 刻度或 0 刻度以下。 5. 读数时,视线、刻度、液面的凹面最低点在同一水平线上。 6. 读数时,边观察实验变化边控制用量。 7. 量取或滴定液体的体积=第二次的读数-第一次的读数。 8. 用于盛装酸性溶液或强氧化剂液体(如 $KMnO_4$ 溶液),不可装碱性溶液

第二章　实验室常用器皿、用具与规范使用

续表 2-2

仪器名称	仪器图形	主要用途	使用方法和注意事项
碱式滴定管		分析化学中常用的滴定仪器,只能用于碱性溶液,可用于进行酸碱中和滴定实验等	1. 使用时先检查是否漏液。 2. 用滴定管取滴液体时必须洗涤、润洗。 3. 读数前要将管内的气泡赶尽,使尖嘴内充满液体。 4. 读数需有两次,第一次读数时必须先调整液面在 0 刻度或 0 刻度以下。 5. 读数时,视线、刻度、液面的凹面最低点在同一水平线上。 6. 量取或滴定液体的体积＝第二次的读数－第一次的读数。 7. 绝对禁止用碱式滴定管装酸性及强氧化性溶液,以免腐蚀橡皮管。 8. 用于盛装碱性溶液,不可盛装酸性和强氧化剂液体(如 $KMnO_4$ 溶液)
量筒		粗略量取一定体积的液体	1. 不能作为反应容器用。 2. 不能加热或烘烤。 3. 量筒的最低分度线应从标称容量的 10% 起向上分度。 4. 量筒的标称容量为 20 ℃ 的体积数
量杯		用于量度从量器中排出液体的体积	读数时注意刻度,不能作为反应容器,量取时选用适合的量程

续表 2-2

仪器名称	仪器图形	主要用途	使用方法和注意事项
移液管		在滴定分析中准确移取溶液一般使用移液管,反应需控制试液加入量时一般使用吸量管	1. 移液管(吸量管)不应在烘箱中烘干。 2. 移液管(吸量管)不能移取太热或太冷的溶液。 3. 同一实验中应尽可能使用同一支移液管。 4. 移液管在使用完毕后,应立即用自来水及蒸馏水洗净,置于移液管架上。 5. 移液管和容量瓶常配合使用,因此在使用前常作两者的相对体积校准。 6. 在使用吸量管时,为了减少测量误差,每次都应从最上面刻度(0 刻度)处为起始点,往下放出所需体积的溶液,而不是需要多少体积就吸取多少体积。 7. 移液管有老式和新式,老式管身标有"吹"字样,需要用洗耳球吹出管口残余液体。新式的没有,千万不要吹出管口残余,否则引起量取液体过多
刻度移液管(吸量管)		用于移取非固定量的溶液	1. 不能加热或烘干。 2. 使用前观察规格及有无破损、污渍等。 3. 洗涤干净后,需用移取液体润洗三次,再吸取待移取液体。 4. 吸取的溶液放出时管尖端的液体不得吹出,若有"吹"字的需吹出

续表 2-2

仪器名称	仪器图形	主要用途	使用方法和注意事项
滴管		吸取或加少量试剂,以及吸取上层清液和分离出沉淀	1. 滴加时,滴管要保持垂直于容器正上方,避免倾斜,切忌倒立,不可伸入容器内部,不可触碰容器壁。 2. 除吸取溶液外,管尖不能接触其他器物,以免杂质沾污。不可一管二用。 3. 普通滴管用完需要清洗,而专用滴管不可清洗,需专管专用,用完就放回原试剂瓶即可。 4. 使用时,不可只用拇指和食指捏着,不要用中指和无名指夹住
水银温度计		用来测量温度,不仅比较简单直观,而且还可以避免外部远传温度计的误差	1. 使用前应进行校验(可以采用标准液温多支比较法进行校验或采用精度更高级的温度计校验)。 2. 不允许使用温度超过该种温度计的最大刻度值的测量值。 3. 温度计有热惯性,应在温度计达到稳定状态后读数。读数时应在温度凸形弯月面的最高切线方向读取,目光直视。 4. 水银温度计应与被测工质流动方向相垂直或呈倾斜状

（三）容器类

容器类是指用于盛放液体、固体样品的玻璃仪器，如细口瓶、广口瓶等。实验室常见的容器名称、样式、主要用途、使用方法及注意事项总结如表2-3所示。

表2-3 实验室常见容器

仪器名称	仪器图形	主要用途	使用方法和注意事项
细口瓶		一种用于存放液体试剂的玻璃容器，细口方便液体倾倒，并且能够避免试剂挥发，因此口比较小；有透明和棕色两种，棕色瓶用于盛放需避光保存的试剂；可以装固体（粉末状固体）	1. 不能用于加热。 2. 取用试剂时，瓶塞要倒放在桌上，用后将塞塞紧，必要时密封。由于瓶口内侧磨砂，跟玻璃磨砂塞配套，因而不能盛放强碱性试剂。如果盛放碱性试剂，要改用橡皮塞。 3. 摆放时标签要朝外。 4. 倾倒时标签朝手心，残液留下才不会腐蚀标签
广口瓶		广口瓶是用于盛放固体试剂的玻璃容器，有透明和棕色两种，棕色瓶用于盛放需避光保存的试剂，如硝酸银溶液、浓硝酸等	1. 不能用于加热。 2. 取用试剂时，瓶塞要倒放在桌上，用后加塞塞紧，必要时密封。由于瓶口内侧磨砂，跟玻璃磨砂塞配套，因而玻璃塞的广口瓶不能盛放强碱性试剂。如果盛放碱性试剂，要改用橡皮塞，因为强碱的氢氧根离子与玻璃中的二氧化硅反应，生成物使口与塞粘连。 3. 摆放时标签向外

第二章 实验室常用器皿、用具与规范使用

续表 2-3

仪器名称	仪器图形	主要用途	使用方法和注意事项
洗气瓶		洗气瓶是一种洗去气体中杂质的仪器,是将不纯气体通过选定的适宜液体介质鼓泡吸收(溶解或由于发生化学反应),从而洗去杂质气体,以达到净化气体的目的。在有可燃性气源的实验装置中,洗气瓶也可起到安全瓶的作用	1. 应根据净化气体的性质及所含杂质的性质和要求选用适宜的液体洗涤剂。洗涤剂的量一般不超过洗气瓶容积。 2. 使用前应检验洗气瓶的气密性。要特别注意不要把进、出气体的导管接反。 3. 洗气瓶不能长时间盛放碱性液体洗涤剂,用后及时将该洗涤剂倒入有橡胶塞的试剂瓶存放待用,并用水清洗干净放置
滴瓶		滴瓶瓶口内侧磨砂,与细口瓶类似,瓶盖部分用滴管取代。用来作为装使用量很小的液体的容器,大多数在实验室内使用	1. 滴瓶上的滴管与滴瓶配套使用。 2. 滴瓶上的滴管不能用水冲洗。 3. 不可长时间盛放强碱(玻璃塞),不可久置强氧化剂。 4. 吸上的药品剩余后不可倒回。 5. 滴管不可倒放、横放,以免试剂腐蚀滴管。 6. 滴液时,滴管不能放入容器内,以免污染滴管,损伤容器
高型称量瓶		称量瓶是一种常用的实验室玻璃器皿,一般用于准确称量一定量的固体。高型称量瓶用于称量基准物、样品	称量瓶平时要洗净、烘干,存放在干燥器内以备随时使用。称量瓶不能用火直接加热,瓶盖不能互换,称量时不可用手直接拿取,应戴指套或垫以洁净纸条
扁型称量瓶		扁型称量瓶主要用作测定水分或在烘箱中烘干基准物	称量瓶主要用于使用分析天平时称量一定质量的试样,也可用于烘干试样。平时要洗净烘干,不能用水直接加热,瓶盖不能互换

(四) 分离仪器

实验室常见的分离仪器名称、样式、主要用途,使用方法及注意事项总结如表 2-4 所示。

表 2-4 实验室常见分离仪器

仪器名称	仪器图形	主要用途	使用方法和注意事项
蒸馏头		用于连接烧瓶与蒸馏管	在使用前应将磨口涂上凡士林
温度计套管		用于玻璃口与一般直型实验室温度计相连接的工具	连接时应注意密封性,使用过程中以防温度计破损
真空接受管		主要用在蒸馏装置中做连接管用,可以作抽气减压用	—
导气管		主要是将某一处的气体引到另一处的管道	—

续表 2-4

仪器名称	仪器图形	主要用途	使用方法和注意事项
空心塞		—	使用过程中防止空心塞粘住瓶口
直形冷凝管		用于蒸馏、分馏或回流装置上与蒸馏烧瓶、弯形接管配套使用,起冷凝蒸气和凝聚液滴的作用	使用时,将靠下端的连接口以塑料管接上水龙头,当作进水口。使用过程中,蒸馏物沸点愈低需使用冷凝管愈长,内径愈粗,反之沸点愈高冷凝管愈短愈细为宜
球形冷凝管		用于有机制备的回流,适用于各种沸点的液体	长期使用隔套中的铁锈可用盐酸洗去。由于出水口水压较高导致胶管容易脱落,可在使用时用铁丝绑住
蛇形冷凝管		主要用于冷凝收集沸点偏低的产物和沸点较低的液体回流	—
长颈漏斗		主要用于固体和液体在锥形瓶中反应时添加液体药品	在使用时,注意漏斗的底部要在液面以下,主要是为了防止生成的气体从长颈漏斗口溢出,起到液封的作用

续表 2-4

仪器名称	仪器图形	主要用途	使用方法和注意事项
砂芯漏斗		一种耐酸玻璃滤过仪器，采用优良硬质高硼玻璃组成，具有较高的理化性能。适用于化学分析、卫生检验、石油工业、制药工业、染料工业等方面	1. 使用时注意滤板两面的正负压差不得大于 $9.8×10^4$ Pa。 2. 滤器在加热或冷却时应注意缓慢进行。 3. 玻璃滤器在使用时不宜过滤氢氟酸、热浓磷酸、热或冷的浓碱液
球形分液漏斗		分液漏斗用于气体发生器中控制加液，也常用于互不相溶的几种液体的分离。球形分液漏斗多用于滴加反应液使用	使用前玻璃活塞应涂薄层凡士林，使用时，用拇指、食指转动活塞控制加液，加夹一张纸条防止黏连，并用一条橡皮筋套住活塞，以免掉落
梨形分液漏斗		梨形分液漏斗多用于分液操作使用	1. 检查分液漏斗是否漏水。 2. 混合液体倒入分液漏斗，将分液漏斗置于铁圈上静置。 3. 打开分液漏斗活塞，再打开旋塞，使下层液体从分液漏斗下端放出，上层液体从分液漏斗上口倒出。 4. 长期不使用，应在活塞面加夹一纸条防止黏连，并用一橡筋套住活塞，防止掉落

（五）干燥仪器

实验室常见的干燥仪器名称、样式、主要用途、使用方法及注意事项总结如表 2-5 所示。

表 2-5 实验室常见干燥仪器

仪器名称	仪器图形	主要用途	使用方法和注意事项
U形干燥管		化学实验中用于干燥气体或除去气体中杂质的一种设备。U形干燥管还可用于有机半微量的定量分析中作气体吸收前后的称量操作用，或安装在仪器装置的进、出口处，起干燥防潮的作用	干燥管中不能装液体，根据干燥气体特点，使用适当的干燥剂
直形干燥管		除具有U形干燥管的用途外，它主要是便于连接其他仪器装置。有时亦可不放任何吸收剂，作为缓冲的连接工具	干燥器可单只使用，如干燥效果达不到使用要求时，可两只或多只串联使用，可装入不同干燥剂提高干燥效果
干燥器		用于存放干燥的物质或使潮湿的物质干燥	1. 不可将太热物体放入干燥器中。 2. 灼烧或烘干后的坩埚和沉淀，在干燥器内不宜放置过久。 3. 打开干燥器时，不能往上掀盖，应用左手按住干燥器，右手小心将盖子稍微推开，等冷空气徐徐进入后，才能完全推开，盖子需仰放在桌上

（六）成套仪器

实验室常见的成套仪器名称、样式、主要用途、使用方法及注意事项总结如表2-6所示。

表2-6 实验室常见成套仪器

仪器名称	仪器图形	主要用途	使用方法和注意事项
固＋固（加热）		适用于制氧气、氨气等	1. 试管口应稍向下倾斜，以防止产生的水蒸气在管口冷却后倒流而引起试管破裂。 2. 铁夹应夹在距管口1/3处。 3. 固体药品要放在试管底部平铺开，加热时首先均匀预热，然后在试管的最后部位集中加热，并逐步前移。 4. 胶塞上的导管伸入试管不能过长，否则会妨碍气体导出。 5. 如用排气法收集气体，当停止制气时，应先从水槽中把导管撤出，然后再撤走酒精灯，以防止水倒流

续表 2－6

仪器名称	仪器图形	主要用途	使用方法和注意事项
固＋液或液＋液（加热）	a　b　c　d　e　f	适用于制 C_2H_4、Cl_2、SO_2、乙酸乙酯蒸馏	1. 瓶内反应物体积不宜超过烧瓶容积的 1/3。 2. a、b、c 加热前应放入碎瓷片，防止暴沸。 3. a 装置温度计插入反应液面以下，测反应液温度；b 装置温度计水银球与支管端口处相平，测气体温度，便于控制馏分。 4. d 装置便于随时加入液体，但随反应进行烧瓶内压强增加，液体不易滴入（改进方法见 e）
固＋液体（不加热）		用于制备 CO_2、H_2、H_2S	1. 装置内气密性要好。 2. 先放固体后加液体。 3. 加入酸的量要适当。 4. 生成气体微溶或难溶于水

续表 2-6

仪器名称	仪器图形	主要用途	使用方法和注意事项
启普发生器类		用于制备 CO_2、H_2、H_2S	1. 在简易装置中长颈漏斗的下口应深入液面以下,否则起不到液封的作用而无法使用。 2. 加入大小适宜、不溶于水的块状固体,如果固体太小会落入底部的酸中使反应无法控制,造成容器内压力过大,导致酸液溢出。 3. 加入酸的量要适当。 4. 在导管口点燃氢气或其他可燃性气体时,必须先检验纯度

(七) 其他仪器

实验室常见的其他仪器名称、样式、主要用途、使用方法及注意事项总结如表 2-7 所示。

表 2-7 实验室常见其他仪器

仪器名称	仪器图形	主要用途	使用方法和注意事项
托盘天平		称量药品质量	药品不能直接放在托盘上,易潮解、腐蚀性药品放在烧杯中称量,左物右码,精确至 0.1 g

第二章　实验室常用器皿、用具与规范使用

续表 2-7

仪器名称	仪器图形	主要用途	使用方法和注意事项
表面皿		适用于做定量分析,可用来蒸发液体,可以作盖子,盖在蒸发皿或烧杯上,防灰尘落入、可作为容器,暂时盛放固体或液体试剂;可作承载器,承载 pH 试纸,使滴在试纸上酸或碱液不腐蚀实验台	不能加热
培养皿		适合实验室接种、画线、分离细菌的操作,可以用于植物材料的培养	使用完毕的培养皿最好及时清洗干净,存放在安全、固定的位置,防止损坏、摔坏
玻璃棒		可用来搅拌加速溶质溶解,过滤时引流,也可用来蒸发结晶少量溶液	1. 搅拌时不要太用力,以免玻璃棒或容器(如烧杯等)破裂。 2. 搅拌不要碰撞容器壁、容器底,不要发出响声。 3. 搅拌时要以一个方向搅拌(顺时针、逆时针都可以)

47

续表 2-7

仪器名称	仪器图形	主要用途	使用方法和注意事项
比色皿		一种用于光谱分析的装备仪器	1. 拿取比色皿时,只能用手指接触两侧的毛玻璃,避免接触光学面。同时注意轻拿轻放,防止比色皿产生应力后破损。 2. 凡含有腐蚀玻璃物质的溶液,不得长期盛放在比色皿中。 3. 不能将比色皿放在火焰或电炉上进行加热或放干燥箱内烘烤。 4. 当发现比色皿里面被污染后,应用无水乙醇清洗,及时擦拭干净。 5. 不得将比色皿的透光面与硬物或脏物接触。盛装溶液时,高度为比色皿的 2/3 处即可,光学面如有残液可先用滤纸轻轻吸附,然后再用镜头纸或丝绸擦拭

二、玻璃仪器的洗涤

在生物与化学实验中,洗净玻璃仪器不仅是一个必须做的实验前的准备工作,也是一个技术性的工作。玻璃仪器是否清洁直接影响实验结果的准确性。一般来说,附着在仪器上的污物有尘土、其他不溶性物质、可溶性物质、有机物质及油污等。洗涤过程中应根据具体情况选择不同的洗涤方法。

(一) 常用玻璃仪器的洗涤方法

1. 水刷法　根据要洗涤的玻璃仪器的种类和规格选择合适的毛刷如试管刷、烧杯刷、瓶刷、滴定管刷等。仪器刷洗之前应倾尽仪器中的试品,然后用毛刷蘸水刷洗仪器,用水冲去可溶性物质及表面黏附的灰尘。烧杯、锥形瓶、试管、表面皿、试剂瓶等可先用自来水冲洗。若未洗净,根据油污选择洗液洗涤,再用自来水冲洗干净。最后需用蒸馏水润湿2~3次。

2. 用合成洗涤液或肥皂液刷洗　用毛刷蘸取洗涤液少许,边刷边用水冲洗,当器壁上不挂水珠,表明仪器已洗干净。温热的洗涤液去油能力更强,必要时可将仪器短时间浸泡,再用自来水冲净洗涤液,最后用蒸馏水或离子水多次洗涤洗去所沾自来水,即可使用。

3. 用还原剂洗去氧化剂,如二氧化锰的洗涤。

4. 进行定量分析时,为了提高分析结果的准确性,可用铬酸洗液浸泡容量仪器,再用自来水、蒸馏水刷洗干净。像滴定管、容量瓶、吸量管等精密刻度仪器的洗涤不宜使用去污粉。

5. 滴管、吸量管等仪器可先浸于温热的洗涤液水溶液中再在超声波清洗器中超洗数分钟,再用自来水冲净洗涤液,最后用蒸馏水洗3遍,可使洗涤效果最佳。

总之,洗涤过程中自来水和蒸馏水应按照"少量多次"的原则使用。洗净的仪器倒置时,水流出后器壁应不挂水珠,再用少量蒸馏水刷洗仪器2~3次,洗去自来水带来的杂质,放置备用。

(二) 常用的洗涤液

针对仪器所沾污物的性质,选择不同的洗涤液可有效洗净仪器。常用的几种洗涤液如表2-8所示。

表 2-8　几种常用的洗涤液

洗涤液及其配制	使用方法和注意事项
铬酸洗液：研细的重铬酸钾 20 g 溶于 40 mL 水中，慢慢加入 360 mL 浓硫酸	用于去除器壁残留油污，用少量洗液刷洗或浸泡过夜，洗液可重复使用，洗液由红棕色变绿色即失效。注意铬酸洗液具有强腐蚀性，应防止灼伤皮肤。储存瓶应密封，以防吸水失效。洗涤废液经处理解毒方可排放（因铬有毒）尽量不用。
合成洗涤剂：包括洗衣粉、去污粉（碳酸钠、白土、细沙等）、洗洁精等	一般的器皿均可使用，有效去除油污及某些有机化合物
盐酸：化学纯的盐酸与水以 1∶1 的体积比混合	用于洗去碱性物质及大多数无机物残渣
盐酸-乙醇溶液：化学纯的盐酸与乙醇以 1∶2 的体积比混合	用于洗涤被染色的吸收池、比色管、吸量管等。洗涤时可将器皿浸泡一定时间，然后用水冲洗。
纯酸洗液：1∶1、1∶2 或 1∶9 的盐酸或硝酸	用于除去 Hg、Pb 等重金属杂质离子，洗净的仪器浸泡于纯酸洗液中 24 h
氢氧化钠洗液：10% 氢氧化钠水溶液	洗油污及某些有机物，水溶液加热（可煮沸）使用，其去油效果较好。注意：煮的时间太长会腐蚀玻璃。洗液储于塑料瓶中或储液瓶带胶塞
碱性高锰酸钾洗液：4 g 高锰酸钾溶于水中，加入 10 g 氢氧化钠，用水稀释至 100 mL	清洗油污或其他有机物质，洗后容器沾污处有褐色二氧化锰析出，可用浓盐酸或草酸洗液、硫酸亚铁、亚硫酸钠等还原剂去除
碱性草酸或酸性羟胺洗液：称取 10 g 草酸或 1 g 盐酸羟胺，溶于 10 mL（1∶4）盐酸溶液中	洗涤氧化性物质如二氧化锰、三价铁等，必要时加热使用
有机溶剂：苯、乙醚、二氯乙烷等	可洗去油污或可溶于该溶剂的有机物质，用时应注意其毒性及可燃性
硝酸洗液：常用浓度为 1∶4、1∶9	浸泡、清洗测定金属离子的器皿。一般浸泡过夜，取出用自来水冲洗，再用去离子水冲洗
碘-碘化钾溶液：1 g 碘和 2 g 碘化钾混合研磨，溶于水，用水稀释至 100 mL	洗涤用过硝酸银滴定液后留下的黑褐色沾污物，也可用于擦洗沾过硝酸银的白瓷水槽

在使用各种性质不同的洗液时,需注意一定要将上一种洗涤液除去后再使用另一种,以免相互作用,生成的产物更难洗净。洗涤液的使用还需考虑能有效地去除污染物,不引进新的干扰物质,也不应腐蚀器皿。强碱性洗液不应在玻璃器皿中停留超过 20 min,以免腐蚀玻璃。

(三) 特殊玻璃仪器的洗涤方法

1. 特殊的洗涤方法

(1) 水蒸气的洗涤,主要针对成套的组合玻璃仪器,可将仪器安装后,用水蒸气蒸馏洗涤一定时间。如凯氏定氮仪,可在使用前用装置本身发生的蒸汽处理 5 min 以上。

(2) 某些微量元素分析用仪器可在洗净后用优级纯的盐酸(1∶1)或硝酸浸泡再用二次去离子水洗净以除去极微量杂质离子。测磷用的仪器不可用含磷酸盐的洗涤液洗涤。测铬、锰的仪器不可用铬酸洗液、$KMnO_4$ 洗液洗涤。测锌、铁用的玻璃仪器酸洗后不能用自来水冲洗,必须直接用纯水洗涤。

(3) 测定分析水中微量有机物的仪器可用铬酸洗液浸泡 15 min 以上,然后用自来水、蒸馏水洗净。

(4) 进行荧光分析时,玻璃仪器应注意避免使用含有荧光增白剂的洗衣粉洗涤,以免给分析结果带来误差。

(5) 沾有细菌的器皿,可在 170 ℃用热空气灭菌 2 h 或高压灭菌锅 121 ℃灭菌 20 min。

(6) 有机物严重沾污的器皿可置于高温炉中于 400 ℃加热 15～30 min。

2. 砂芯玻璃滤器的洗涤

砂芯玻璃滤器因滤片上的空隙很小,极易被灰尘、沉淀物堵塞,因此需选用合适洗涤方法。

(1) 新的滤器使用前应用热盐酸或铬酸洗液,先进行抽滤,并立即用蒸馏水洗净。滤器可正置或倒置用水反复抽洗。

(2) 针对不同的沉淀物采用适当的洗涤剂先溶解沉淀,或反复用水抽洗沉淀物,再用蒸馏水抽洗干净,于 110 ℃烘箱中烘干,然后保存在无尘的柜中或有盖的容器内。否则,积存的灰尘和沉淀堵塞滤孔很难洗净。常用的洗涤砂芯滤板的洗涤液如表2-9所示。

表2-9 洗涤砂芯玻璃滤器常用的洗涤液

沉淀物	洗涤液
AgCl	1:1氨水或10% $Na_2S_2O_3$ 水溶液
$BaSO_4$	100 ℃浓硫酸或用EDTA-NH_3水溶液(3% EDTA二钠盐500 mL与浓氨水100 mL混合)加热近沸
汞渣	热,浓 HNO_3
有机物质	铬酸洗液浸泡或温热洗液抽洗
脂肪	CCl_4 等适当的有机溶剂
氧化铜	热氯酸钾与盐酸混合液
蛋白质	热氨水或热盐酸
细菌	化学纯浓硫酸5.7 mL,化学纯硝酸钠2 g,纯水94 mL充分混合,抽气并浸泡48 h后以热蒸馏水洗净

3. 比色皿的洗涤

比色皿是光度分析中最常使用的器皿,按材质可分玻璃和石英两类,使用时要注意保护好透光面,拿取时手指应捏住毛玻璃面,不要接触透光面。玻璃或石英比色皿在使用前要充分洗净,一般采用能溶解中和的方法进行清洗,原则上是不能损坏比色皿的结构和透光性能。

对于测定酸性溶液的比色皿,可用弱碱性液进行洗涤,也可以用冷的或温热的(40~50 ℃)阴离子表面活性剂的碳酸钠溶液(2%)浸泡,经水冲洗后,再在过氧化氢和硝酸(5:1)混合溶液中浸泡半小时。有色物质污染的比色皿可用盐酸:乙醇(1:1)溶液或硝酸溶液浸泡一段时间、洗涤,也可用超声波清洗机清洗。不宜用铬酸洗涤液洗涤比色皿,易造成比色皿胶接面裂开而损坏,同时可能残存微量铬,影响紫外区吸收测定。

洗净后的比色皿可倒立在纱布或滤纸上控去水,如需急用,可用乙醇、乙醚润洗后用吹风机吹干。测定前可用柔软擦镜纸吸去比色皿外壁的液珠,轻轻擦拭至透明。

三、玻璃仪器的干燥和存放

(一) 玻璃仪器的干燥

生化实验所使用的仪器清洗之后常常还需要进行干燥,玻璃仪器干燥方法通常有以下几种:

1. **晾干** 不急用的仪器,可在纯水刷洗后倒置于干净的实验柜或容器架上控去水分,然后自然晾干。

2. **烘干** 洗净的玻璃仪器控去水分,放在电烘箱中烘干,烘箱温度为 105~120 ℃,烘 1 h 左右。放置容器时应注意平放或使容器口朝下,也可以在电热干燥箱的搁板上放一个搪瓷盘,以接收仪器上滴下的水珠,防止水珠滴到电炉丝上损坏电炉丝。称量用的称量瓶等烘干后要放在干燥器中冷却和保存。带实心玻璃塞的及厚壁的仪器烘干时要注意慢慢升温并且温度不可过高,以免烘裂。玻璃量器不可放入烘箱中烘干。

3. **烤干** 急待使用的烧杯或蒸发皿可置于石棉网上用火烤干。试管可以直接用小火烤干,先将试管略为倾斜,管口向下,并不时来回移动试管,水珠消失后,再将管口朝上,以便水汽逸出。

4. **热(冷)风吹干** 急需干燥又便于烘干或烤干的玻璃仪器,可使用电吹风吹干。开始用冷风吹 1~2 min,然后吹入热风至完全干燥,再用冷风吹残余蒸汽。

5. **用有机溶剂干燥** 一般带有刻度的玻璃仪器不宜用加热的方法干燥,否则影响其精密度。可用少量乙醇、丙酮等有机溶剂倒入仪器中,把仪器倾斜,转动仪器,使器壁上的水与有机溶剂混合,然后倾出,少量残留在仪器内的混合液很快挥发使仪器干燥。操作时要求通风良好,要防止中毒,避免明火。

(二) 玻璃仪器的存放

玻璃仪器的存放要分门别类存放,便于取用。几种常用的玻璃仪器的存放方法如下:

1. 移液管和吸量管 移液管洗净晾干,后应置于防尘的盒中。吸量管可用纸包住两端,置于吸管架上。

2. 滴定管 实验完成后洗去内装的溶液,用纯水刷洗后注满纯水,夹在滴定管夹上,盖上玻璃短试管或塑料套管,也可倒置于滴定管夹上。

3. 比色皿 实验完成后洗净比色皿,在小瓷盘或塑料盘中垫上滤纸,倒置其上晾干后收于比色皿盒或洁净的器皿中。

4. 带磨口塞的玻璃仪器 如容量瓶、比色管、酸式滴定管、分液漏斗等在清洗前可用小线绳或塑料细套管把塞和管口拴好,以免打破塞子、丢失或互相弄混。需长期保存的磨口仪器要在塞间垫一张纸片,以免日久黏住。长期不用的滴定管应去除凡士林后垫上纸,并用橡皮筋拴好活塞保存。

5. 成套仪器 如索氏萃取器、气体分析器等用完要立即洗净、晾干,放在专业盒中保存。

第二节 其他材质的器皿

一、石英玻璃仪器

(一) 特点

石英玻璃是一种只含二氧化硅单一成分的特殊玻璃。因原料不同,可分为透明石英玻璃和不透明的石英玻璃。透明石英玻璃理化性质优于不透明石英玻璃,二氧化硅含量 99.95% 以上,是由水晶或四氯化硅为原料,经高温熔制而成,主要用于制造实验室玻璃仪器及光学仪器等。石英玻璃因能透过紫外线,常用来制作紫外范围应用的光学零件,其具有如下特点:

1. 热膨胀系数低$(5.5\times10^{-7}/℃)$。仅为普通玻璃的 $1/20\sim1/10$,能承受骤冷

骤热，将石英玻璃加热至1 100 ℃左右，放在冷水里也不会炸裂。

2. 耐高温。石英玻璃的软化温度高达1 730 ℃，可在1 100 ℃下长时间使用，短时间最高使用温度可达到1 450 ℃。

3. 纯度很高。二氧化硅含量在99.95%以上，具有相当好的透明度。

4. 耐腐蚀。除氢氟酸和磷酸外，任何浓度的有机酸和无机酸甚至在高温下都极少和石英玻璃发生反应。

5. 石英玻璃的机械强度比硬质玻璃、陶瓷好。

实验室中常用的石英玻璃仪器有石英烧杯、坩埚、蒸发皿、石英舟等。

（二）使用注意事项

1. 石英玻璃不耐氢氟酸、热磷酸。强碱溶液包括碱金属碳酸盐能腐蚀石英，在常温时腐蚀较慢，随着温度升高腐蚀加快。因此，石英制品应避免盛装此类溶液。

2. 石英玻璃因价格比较昂贵，应与玻璃仪器分开存放及保管。

3. 清洗时可用氢氟酸以外的无机酸作清洗液。

二、瓷器和其他非金属材料器皿

瓷器可分为硬质瓷、软质瓷和特种瓷三大类，我国所产瓷器以硬质瓷为主，化学用瓷均属于此类。

（一）特点

1. 能耐高温，可在高至1 200 ℃的温度下使用。

2. 耐腐蚀耐酸碱的能力比玻璃好。

3. 机械强度比玻璃强且价格便宜。因此经常用于生化实验中。

4. 涂有釉的瓷坩埚灼烧后失重甚微，可在重量分析中使用。

5. 瓷制品均不耐苛性碱和碳酸钠的腐蚀。

（二）常见的种类和使用注意事项

1. 蒸发皿　包括无柄和有柄两种，主要用于蒸发、浓缩液体，干燥固体物质。使用时液体量不宜超过蒸发皿深度的 2/3 为宜，另外不宜骤冷骤热。

2. 坩埚　包括高型、中型和低型三种，用于灼烧沉淀及高温处理试样。在使用时不宜骤冷骤热，清洗时用稀盐酸煮沸清洗。

3. 瓷研钵　主要用于研磨固体试剂或使固体混合均匀。使用时应注意避免撞击，不宜烘烤。

4. 布氏漏斗　主要用于过滤使用。

5. 玛瑙研钵　主要用于研磨硬度大及不允许带进杂质的样品。使用时避免撞击，不宜烘烤。不能用于研磨易爆物，盛装物最多占容积的 1/3。清洗可用少许食盐研磨或稀盐酸洗后再用水洗净，可自然干燥或 60 ℃ 低温慢慢烘干。

三、塑料制品

塑料是重要的有机合成高分子材料，因其特有的物理和化学性质，如耐酸、碱、盐腐蚀，具有良好的化学稳定性，不溶于有机溶剂等，也被广泛应用在生化实验中。可以作为金属、木材、玻璃等的代用品。其中最广泛使用的是聚乙烯、聚丙烯、聚四氟乙烯等塑料制品。

（一）聚乙烯和聚丙烯制品

氟乙烯和聚丙烯原料生产工艺相似，很多情况下两种原料在性质和用途上相似，但也存在一些区别。如耐热性能上，聚丙烯要高于聚乙烯，聚丙烯熔融温度为 160～170 ℃，而聚乙烯最高使用温度为 70 ℃；从刚性、拉伸强度分析，聚丙烯力学性能优于聚乙烯；从耐老化分析来看，聚丙烯耐老化性要弱于聚乙烯。两者因能耐一般酸、碱等化学物质腐蚀，可代替玻璃试剂瓶储存氢氟酸、浓 NaOH 溶液等。但硝酸和浓硫酸对其有腐蚀作用。平时生化实验使用时，因聚乙烯和聚丙烯吸附杂质能力较强，为了避免污染，在使用塑料瓶储存溶液时，最好专瓶专用。

（二）聚四氟乙烯制品

聚四氟乙烯被称为"塑料王",是由四氟乙烯经聚合而成的高分子化合物。色泽白,有蜡状感觉;耐热性好,使用工作温度达250 ℃;能耐低温,具有良好的机械韧性;化学稳定性好,对大多数化学药品和溶剂表现出惰性,能耐强酸强碱、王水和各种有机溶剂。

总之,洗涤塑料制品的器皿时一般选用对塑料制品无溶解性的乙醇等溶剂。若使用过程中塑料器皿被金属离子或氧化物沾污可使用盐酸进行洗涤。

第三节　辅助仪器

实验室常用辅助仪器名称、主要用途及使用注意事项如表2-10所示。

表2-10　实验室常用辅助仪器

名称	图形显示	主要用途	使用注意事项
水浴锅		水浴加热或控温实验,有铜制水浴锅、铝制水浴锅及电热恒温水浴;水浴锅上的圆圈适于放置不同规格的蒸发皿	1. 不可烧干。 2. 加热时水量不宜太多,以防沸腾溢出。 3. 非必要时,不可拆开控温仪和水槽后盖板,以防危险
泥三角		坩埚或小蒸发皿加热时的承受器	1. 灼烧时避免冷水,以免炸裂。 2. 避免猛烈敲击。 3. 放在其上的坩埚露出上部不超过本身高度的1/3

续表 2-10

名称	图形显示	主要用途	使用注意事项
石棉网		方形铁丝网,中间涂有圆形石棉,加热玻璃容器时垫在容器底部,使受热物体均匀受热	1. 不能与水接触。 2. 不能随意放置,以免损坏石棉
烧瓶夹		夹住烧瓶	
烧杯夹		夹取热的烧杯	金属制品,注意防腐蚀
坩埚钳		铁质或铜合金;夹取坩埚、坩埚盖和蒸发皿	1. 勿沾上酸等腐蚀性液体。 2. 保持头部清洁,尖部向上放于桌上。 3. 夹热坩埚时应先将夹子尖端预热,以免坩埚骤冷破裂
滴定台及滴定管		铁质;固定滴定管	1. 底板上放白瓷板,以便滴定时观察颜色变化。 2. 滴定管夹上套橡胶管

续表 2-10

名称	图形显示	主要用途	使用注意事项
移液管架		木制或塑料制,放置移液管及吸量管	—
漏斗架		木制、塑料或金属制,放置漏斗	—
试管架		木制、塑料或金属制,放置试管	勿沾酸、碱等腐蚀性试剂
比色管架		木制或塑料制,放置比色管及目视比色	—
洗耳球		橡胶制品,主要用于吸量管或移液管定量抽取液体,还可以把密闭容器里的粉末物质吹散	1. 避免雨雪浸淋,保持清洁。 2. 禁止与酸、碱、油类、有机溶剂等物质接触。 3. 远离热源

续表 2-10

名称	图形显示	主要用途	使用注意事项
药匙		塑料、不锈钢、玻璃材质;用于粉末状或小颗粒状的固体试剂	1. 根据试剂用量不同,药匙应选用大小合适的。 2. 不能用药匙取用热药品,也不能接触酸、碱溶液。 3. 取用药品后,应及时用纸把药匙擦干净。 4. 药匙最好专匙专用
螺旋夹		夹在橡皮管上,调节气体或液体流量	—

本章重点

本章重点介绍了化学、生物及制药类专业实验室常用玻璃器皿、其他材质的器皿和辅助仪器的性能、用途及使用操作规范,内容包括实验室玻璃器皿、用品用具的性能、用途及正确使用方法。要求学生掌握实验室各种实验器皿、用品用具的用途;掌握实验器皿的洗涤、干燥和存放方法;能熟练操作使用常见的实验器皿并了解使用时的注意事项。

第三章
实验室常用仪器设备及规范使用

本章从专业课程体系实验教学内容所涉及的仪器中遴选出常用的、学生必须熟悉的仪器进行系统介绍,内容包括仪器的基本原理、基本结构、主要性能指标、应用领域、规范操作方法、注意事项及维护保养等方面。要求学生掌握的内容包括基础仪器、生物培养仪器设备、电泳仪和PCR仪、紫外可见分光光度计等的规范使用。

第一节 量器的使用

量器是化学、生物学实验室使用最广泛的仪器设备。本节主要介绍两种常见量器——天平和移液器的规范使用。

一、电子天平

1. 仪器介绍

人们把用电磁力平衡被称物体重力的天平称为电子天平。电子天平按其精度可分为超微量电子天平、微量天平、半微量天平、常量电子天平、分析天平、精密电子天平。

2. 工作原理

电子天平是一台对环境高度敏感的精密电子测量仪器(图3-1),使用时应小心操作;电子天平的心脏——重力电磁传感器弹簧片细而薄,极易受损。利用电子天平的计件功能可以快速地得出一堆物件里的单体个数。电子天平一般都是利用电磁力或电磁力矩平衡原理进行称量。在称量范围内时,被测重物的重力 m_g 通过连杆支架作用于线圈上,这时在磁场中若有电流通过,线圈将产生一个电磁力 F,方向向上,可用公式表示:$F=KBLI$。其中 K 为常数(与使用单位有关),B 为磁感应强度,L 为线圈导线的长度,I 为通过线圈导线的电流强度。

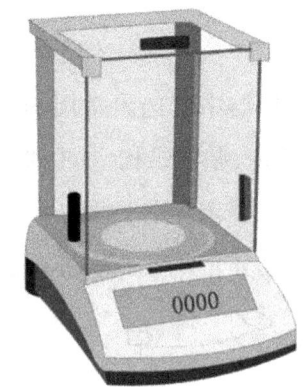

图3-1 电子天平

3. 使用方法

(1) 操作准备

①将天平置于稳定、平整的工作台上,应避免震动、阳光照射、气流及磁波等干扰。

②使用环境温度:5~35 ℃,相对湿度:50%~80%。

(2) 开机

①接上电源线或装上9 V干电池。

②按"开机"键,依次显示"8.8.8.8.8.8""最大称量值""—"。其中"—"的显示时间视传感器的稳定情况而定,故请勿将天平放在风口、摇动等不稳定的工作台上。最后显示域"0"(或 0.0 或 0.00)的工作模式。如左上角"○"符号闪烁即表示工作场

所不稳定,不可进行以下(6)至(8)项操作。

③预热 30 min。

(3) 校准

天平在出厂前已精心校准,由于运输、温度等原因可能会有误差,需重新进行校准,方法如下:

①准备工作:将天平置于稳定、平整的工作台上,同时应避免震动、阳光照射、气流及强电磁波干扰。将天平打开电源后预热 30 min 后进行,才会得到正确的校准结果。

②校准操作:在秤盘上不放任何物体的情况下,按住"校准"键不松手,约过 3 s 后显示"—CAL—"时即可松手。稍候,显示闪烁"标准砝码值",将等于该"标准砝码值"的标准砝码置于秤盘上,显示"—"等待状态;数秒后显示该标准砝码的数值,拿去砝码显示变为"—"等待状态,再稍后则显示"0"(或 0.0,或 0.00),至此,校准结束。如校准后称量还是不够准确,可按上述过程重复几次。

(4) 称量操作

①开机预热稳定或校准后,显示称量模式:"0"(或 0.0,或 0.00)。

②称物置于秤盘上,即显示被称物的质量。

(5) 去皮重

①将容器置于秤盘上,天平显示容器质量。

②按"去皮"键,天平显示"0"(或 0.0,或 0.00),即已去皮重。

③将物品置于容器中,即显示被称物的重量。

(6) 计数操作

①在秤盘上放上计数时需要用的容器(不需要容器时可以不放)。按住"计数"键,闪烁显示"10",右下角显示由"g"转换成"PCS",此时要在秤盘上放上 10 个需计数的物件,然后再按"计数"键,稍后显示"—"等待状态;再过会儿显示变为"10",即完成了设置平均操作。此时,天平就可以进行计数操作了(此操作时,零点必须是 0 或 0.0,或 0.00,单个计数的重量必须大于天平最小可读数,即分辨率)。

②对计数要求较高、单个物件质量一致性不太好的物件,进行计数时应选平均数单位多一些为好。按住"计数"键,闪烁显示"10",再按"校准"键,显示可从

10…、50…、100…、250 变化。选其中一个值。其他操作同上。

③退出计数操作,按"计数"键,显示"—",再按"计数"键即可退出计数状态。

(7) 天平单位转换操作

按"单位转换"键,每按一次可一次显示"lb"(磅)、"oz"(盎司)、"ct"(克拉),或"g"(克)。用户可根据需要自我选择,开机默认为"g"(克)状态。

(8) 超重报警

当被称物体质量超过最大称量值时,天平会显示上横线"—",表示累计称物超过范围,应立即减少称物,否则会损坏天平。

4. 注意事项

(1) 天平应按规定通电预热。

(2) 皮重和称物的质量和不得超过天平的称量范围。

(3) 若称量不准确,需用标准砝码进行校准。

(4) 如需取下天平的圆秤盘,请将秤盘按顺时针方向转动后再取下,切勿将秤盘往上硬拔,以免损害传感器。

(5) 常见故障信息见表3-1。

表3-1 电子天平常见故障信息

故障信息	原因	排除
显示屏不亮	天平未正常接通电源	检查未接通原因,重新接通
称量显示不稳定(数据跳动)	工作台不稳定;有气流;秤盘未放好或有物体触及	选择安放坚固、稳定的工作台,检查防风门是否关闭,放好秤盘,拿去秤盘边上的触及物体
称量结果不正确	空称时天平不在零位;天平未经校准或使用的校准砝码不准	空称时按去皮键(清零);用正确的校准砝码重新校准
下横线	天平上的重物偏轻	用砝码重新校准
上横线	超重报警	用砝码重新校准
Er1~Er6	天平内部故障	联系维修人员
出现电池符号	电池电压低	更换新电池

天平如出现其他故障不能正常工作,应送检修单位进行检修。

二、移液枪

1. 仪器介绍及用途

移液枪是一种在一定容量范围内可随意调节的精密取液装置,非常适合进行一些有生物危险性或无菌要求比较高的移液工作,见图3-2。

图3-2　移液枪

2. 工作原理

基本工作原理是依靠装置内活塞的上下移动,其活塞的移动距离是由调节轮控制螺杆结构实现的,推动按钮带动推动杆使活塞向下移动,排除活塞腔内的气体。松手后,活塞在复位弹簧的作用下恢复原位,从而完成一次吸液过程。

3. 使用方法

(1) 标准操作适用的液体:水、缓冲液、稀释的盐溶液和酸碱溶液。

①按到第一挡,垂直进入液面几毫米。

②缓慢松开控制按钮,否则液体进入吸头过快会导致液体倒吸入移液器内部,使吸入体积减少。

③打出液体时贴壁并有一定角度,先按到第一挡,稍微停顿1 s后,待剩余液体聚集后,再按到第二挡将剩余液体全部压出。

(2) 黏稠或易挥发液体的移取

在移取黏稠或易挥发的液体时,很容易导致体积误差较大。为了提高移液准确性,建议采取以下方法:

①移液前先用液体预湿吸头内部,即反复吸打液体几次使吸头预湿,吸液或排出液体时最好多停留几秒。尤其对于移取体积大的液体,建议将吸头预湿后再移取。

②采用反相移液法:吸液时按到第二挡,慢慢松开控制按钮,打液时按到第一挡即可,部分液体残留在吸头内。

4. 常见的错误操作

(1) 吸液时,移液器本身倾斜,导致移液不准确(应该垂直吸液,慢吸慢放)。

(2) 装配吸头时,用力过猛,导致吸头难以脱卸(无需用力过猛,选择与移液器匹配的吸头)。

(3) 平放带有残余液体吸头的移液器(应将移液器挂在移液器架上)。

(4) 用大量程的移液器移取小体积样品(应该选择合适量程范围的移液器)。

(5) 直接按到第二挡吸液(应该按照上述标准方法操作)。

(6) 使用丙酮或强腐蚀性的液体清洗移液器(应该参照正确清洗方法操作)。

5. 注意事项

(1) 移液器每次使用结束,要把移液器的量程调至最大值的刻度,松弛弹簧。

(2) 为获得较高的精度,吸头需预先吸取一次样品溶液,然后再正式移液,因为吸取血清蛋白质溶液或有机溶剂时,吸头内壁会残留一层"液膜",造成排液量偏小而产生误差。

(3) 浓度和黏度大的液体会产生误差,可由实验确定其误差的补偿量,补偿量可用调节旋钮改变读数窗的读数来进行设定。

(4) 可用分析天平称量所取纯水的重量并进行计算的方法来校正取液器,1 mL 蒸馏水 20 ℃时重 0.998 2 g。

(5) 移液器通过反复撞击吸头来上紧的方法是非常不可取的,长期操作会使内部零件松散而损坏移液器。

(6) 移液器未装吸头时,切莫移液。

(7) 在设置量程时,请注意旋转到所需量程数字清清楚楚在显示窗中,所设量程在移液器量程范围内,不要将按钮旋出量程,否则会卡住机械装置,损坏移液器。

(8) 移液器严禁吸取有强挥发性、强腐蚀性的液体(如浓酸、浓碱、有机物等)。

(9) 严禁使用移液器吹打混匀液体。

(10) 不要用大量程的移液器移取小体积的液体,以免影响准确度。同时,如果需要移取量程范围以外较大量的液体,请使用移液管进行操作。

(11) 吸取液体时一定要缓慢平稳地松开拇指,绝不允许突然松开,以防将溶液吸入过快而冲入取液器内,这样会腐蚀柱塞而造成漏气。

第二节 培养箱的使用

培养箱是生物学实验室培养各种实验生物的常用仪器设备。本节主要介绍恒温振荡培养箱、恒温静置培养箱、光照培养箱的用途与正确使用方法。

一、恒温振荡培养箱

1. 仪器介绍

恒温振荡培养箱(图3-3)又称隔水式电热细胞(霉菌)培养箱,供医疗卫生、医药工业、生物化学及农业科学等科研部门作细菌培养、育种、发酵及其他恒温实验用。

2. 工作原理

恒温振荡培养箱表面采用静电喷塑工艺,内胆为不锈钢,保温层由聚氨酯发泡形成,透光窗采用双层玻璃以确保箱内的保温性能(低温培养箱和BOD等要求不透光的培养箱无玻璃窗),箱体内部有冷、热气流风道,使箱内气体循环流畅,温度更加均匀。

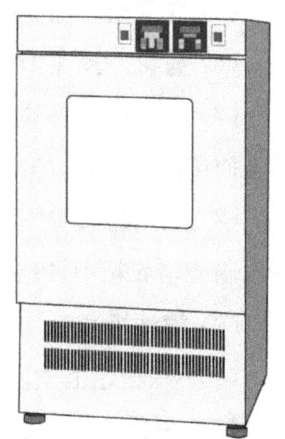

图3-3 恒温振荡培养箱

3. 使用方法

(1) 首先将需振荡培养的样品夹在托盘夹具上。接通电源(将随机所配的电源插头分别插在本机电源插座上),合上电源开关,打开温控开关,此时恒温控加热部分也已进入工作状态。数字所显示的即为箱内的实际温度,-50~100 数字为预置温度值。如你需将温度控制在某一区域,只需将数字选至需控制的某一温度上,即可进行恒温。打开振荡开关,振荡部分即可工作,你可根据实际需要,将振荡速度选至 0~300 转/min 范围之内。定时器控制振荡及温控部分。

(2) 按"SET"键可设定或查看温度设定点。按一下"SET"键,数码管字符开始闪动,表示仪表进入设定状态,按"△"键设定值增加,按"▽"键设定值减小,长按"△"键或"▽"键数据会快速变动,再按一次"SET"键仪表回到正常工作状态,温度设定完毕。(若温控仪是智能型,则另附温控说明书)

4. 注意事项

(1) 用户提供的插座的电气额定参数应不小于本机的电气额定参数并有良好的接地措施。

(2) 更换恒温振荡培养箱保险丝时,应将插头从插座中拔出。

(3) 电线或电气设备故障后,应由专业人士修理。使用生产厂家未推荐的附件会造成一定的质量问题。

(4) 在有儿童的环境中使用恒温振荡培养箱,应严密注意。

(5) 在使用恒温振荡培养箱过程中,严禁将手指伸入上下运动的间隙中。

(6) 整机严禁在阳光直射的环境中使用。

(7) 恒温振荡培养箱在使用制冷时,环境温度应低于 32 ℃,环境温度在 25 ℃以上使用制冷时,开门次数应尽量减小。

(8) 加热物体应先在环境温度下冷却后再放入机器内,严禁将加热物体直接放入制冷培养箱中,以防产生危险。

(9) 擦洗机器时,应先拔掉电源。

(10) 在转速范围内中速使用,可延长仪器的使用寿命。

(11) 在工作台上放置物品时,各试瓶之间应保持适量的间隔,以利于冷、热空气对流循环。

(12) 仪器应放置在较牢固的工作台上,环境应清洁整齐,通风良好。

(13) 注意仪器的保养,使其处于良好的工作状态,可延长仪器的使用寿命。

(14) 仪器在连续工作期间,每三个月应做一次定期检查。检查保险丝、控制组件及紧固螺钉,以及是否有水滴、污物等落入电机和控制元件上。

(15) 传动部分的轴承在出厂前已填充了适量的润滑脂(1号钙-纳基),仪器在连续工作期间,每六个月应加注一次润滑脂,填充量约占轴承空间的1/3。

(16) 仪器长期使用,自然磨损属正常现象。仪器在使用一年之后,若发现电机、压缩机有不正常的噪音,传动部分轴承磨损,皮带松动或出现裂纹,电控元件失效等故障,请联系厂家予以协助处理。

(17) 恒温振荡培养箱压缩机应避免连续启动。

二、恒温静置培养箱

1. 仪器介绍及用途

恒温静置培养箱(图3-4)适用于环境保护、卫生防疫、药检、农畜、水产等科研、院校和生产部门,是水体分析和BOD测定,细菌、霉菌、微生物培养、保存,植物栽培、育种实验的恒温设备。

2. 工作原理

恒温静置培养箱控制器电路由温度传感器、电压比较器和控制执行电路组成。

3. 使用方法

(1) 插上电源插座(电源应有良好接地),按下电源开关,显示屏亮,此时显示屏所显示的是培养箱室内的实际温度和湿度。

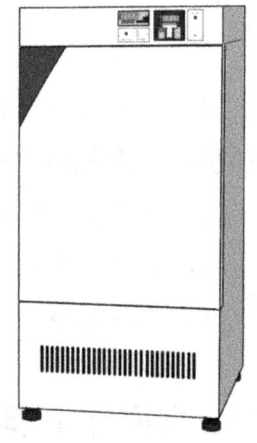

图3-4 恒温静置培养箱

(2) 用霉菌培养箱底部调节螺钉调节高度,使箱体安置平稳。

(3) 加湿器的安装:将加湿器的电源插头插在仪器背面的电源插座上,再将仪器的加湿管与加湿器相连,相连处一定要紧密连接。加湿器水箱里加水一定要按说明书上正确操作。

（4）温度调节：按下温度设定按钮，数字显示即为设定值，旋转温度调节电位器到所需温度值，松开按钮，数字显示即为培养室内的实际温度。此时如培养箱内的实际温度比设定温度小，加热指示灯亮，加热器开始加热；如培养箱内的实际温度比设定温度大，制冷指示灯亮，制冷系统开始制冷；如加热指示灯与制冷指示灯均暗，则培养箱处于恒温状态。

（5）湿度调节：按下湿度设定按钮，数字显示即为设定值，旋转湿度调节电位器到所需湿度值，松开按钮，数字显示即为霉菌培养箱内的实际湿度。当培养室内的实际湿度比设定的湿度小时，此时加湿器对培养室内加湿，加湿指示灯亮；当培养室内的实际湿度比设定的湿度值大时，此时加湿器停止工作，加湿指示灯灭。

4. 注意事项

（1）本设备落地后，如地面不平应垫平。

（2）箱壁内胆和设备表面要经常擦拭，以保持清洁。

（3）本设备在正常运行时，箱内载物摆放应不影响空气流通，以保证箱内温度均匀。

（4）设备的搬动要平行移动，任何一方向倾斜角应小于45度。

（5）设备长期不用应拔掉电源线，以防止设备带电伤人。并应定期（一般一季度）按使用条件运行2～3天，以驱除电气部件的潮气，避免损坏有关器件。

（6）若湿度器长期不用时，请将盒内水倒尽。

（7）使用温度较低时，应定期倒掉位于箱内底部积水盘内的积水。

（8）当仪器停止使用时，应拔掉电源插头。

三、光照培养箱

1. 仪器介绍及用途

光照培养箱（图3-5）具有超温和传感器异常保护功能，保障仪器和样品安全；选配全光谱的植物生长灯，有利于植物的生长，提高抗病性；具有掉电记忆、掉电时间自动补偿功能；恒温控制系统，反应快，控温精度高。光照培养箱微电脑全自动控制,触摸开关,操作简便;可编程多段控制方式,白天、黑夜均可单独设置温度、湿度、光照度和时间等。风道式通风,工作室风速柔和,温度均匀;中空反射钢化镀膜玻璃,绝热性能好,美观大方。全封闭不透光灯罩,选装工作室电源、消毒装置等。

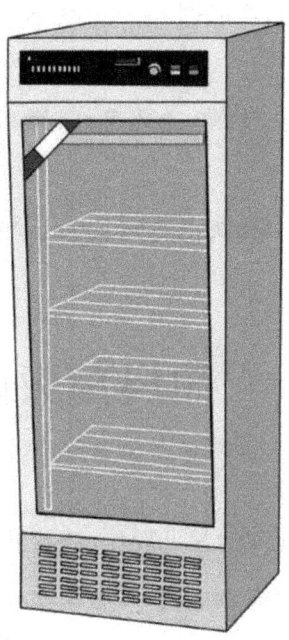

图3-5 光照培养箱

2. 工作原理

光照箱工作原理是由位于箱内温度传感器所感受到的实际温度换成电信号,经微电脑来控制加热器或制冷压缩机工作,从而达到所需温度。光照度可通过控制面板预设置变光照度。

3. 使用方法

接通电源,打开电源开关,使开关处于"通"的位置,设备进入上电状态。此时即可开始温度、湿度和光照时间的设定操作。

4. 注意事项

(1) 培养箱在搬运中,禁止倒置及大于45度的平放。

(2) 箱内不需要照明时,应将照明置于"关",以免影响上层温度,同时延长灯管使用寿命。

(3) 本机装有两组保险丝,运行中若发生故障,请先切断电源,检查保险丝是否完好,再检查其他部位。

(4) 当设备不用时,应保持箱内干燥,并切断电源。

(5) 为确保箱内温度均匀,实验时箱内物品不宜摆放太密切,勿挡住风道,以利于箱内气体循环。

(6) 培养箱要放置在阴凉、干燥、通风良好、远离热源和日晒的地方。放置平稳,以防震动发生噪音。

(7) 培养箱制冷工作时,不宜使箱内温度与环境温度之差大于 25 ℃。

第三节 加热及灭菌设备

加热及灭菌是生物学实验室的常见操作,涉及的仪器设备有微波炉、恒温水浴锅、恒温水浴振荡器、高压灭菌锅、电热鼓风干燥箱、旋转蒸发器等。

一、微波炉使用

1. 仪器介绍及用途

微波是一种电磁波。微波炉由电源、磁控管、控制电路和烹调腔等部分组成。微波炉的功率范围一般为 500~1 000 W(图 3-6)。

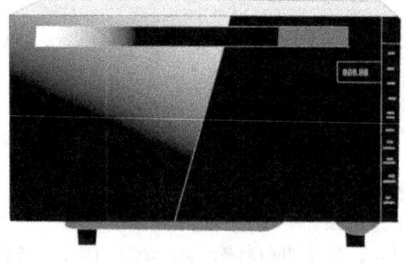

图 3-6 微波炉

2. 工作原理

电源向磁控管提供大约 4 000 V 高压,磁控管在电源激励下连续产生微波,再经过波导系统耦合到烹调腔内。在烹调腔的进口处附近有一个可旋转的搅拌器,因为搅拌器是风扇状的金属,旋转起来以后对微波具有各个方向的反射,所以能够把微波能量均匀地分布在烹调腔内,从而加热。

3. 使用方法

(1) 微波炉要安放在平整、通风的台面或搁架上。后面、顶部和两侧与壁板的距离一般要求在 10 cm 以上,带烧烤功能、光波功能、热风对流功能的微波炉的顶部与壁板的距离至少要有 15 cm。

(2) 微波炉的电源线带三机插头,墙壁上的电源系统中的接地应良好。微波炉必须单独使用一个三眼插座。

(3) 微波炉不要离水源或水池太近,以免溅上水。

4. 注意事项

(1) 忌用普通塑料容器:使用专门的微波炉器皿盛装食物放入微波炉中加热。

(2) 忌用金属器皿:因为放入炉内的铁、铝、不锈钢、搪瓷等器皿,微波炉在加热时会与之产生电火花并反射微波,既损伤炉体又影响加热效果。

(3) 忌使用封闭容器:加热液体时应使用广口容器,因为在封闭容器内食物加热产生的热量不容易散发,使容器内压力过高,易引起爆破事故。在煎煮带壳物品时,也要事先用针或筷子将壳刺破,以免加热后引起爆裂、飞溅弄脏炉壁,或者溅出伤人。

(4) 忌长时间在微波炉前工作:开启微波炉后,人应远离微波炉或人距离微波炉至少在 1 m 之外。

二、恒温水浴锅

1. 仪器介绍及用途

数显恒温水浴锅(图 3-7)主要用于实验室中蒸馏、干燥、浓缩及温渍化学药品或生物制品,也可用于恒温加热和其他温度试验,是生物、遗传、病毒、水产、环保、医药、卫生、化验室、分析室、教育科研的必备工具。

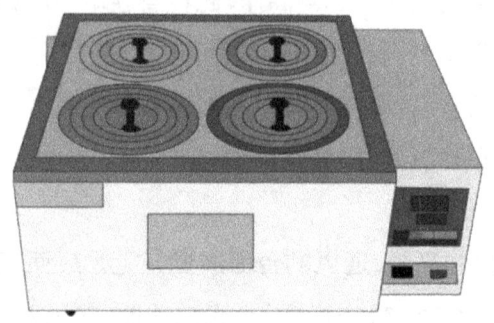

图 3-7 恒温水浴锅

2. 工作原理

传感器将水槽内水的温度转换为电阻值,经过集成放大器的放大、比较后,输出控制信号,有效地控制电加热管的平均加热功率,使水槽内的水保持恒温。当被加热的物体要求受热均匀、温度不超过 100 ℃时,可以用水浴加热。

3. 使用方法

(1) 设定温度:按"SET"键可设定或查看温度设定点。按一下"SET"键数码管字符开始闪动,表示仪表进入设定状态。按"△"键设定值增加,按"▽"键设定值减小,长按"△"键或"▽"键数据会快速变动,再按一次"SET"键仪表回到正常工作状态,温度设定完毕。

(2) 内部控制参数设置(XMTD-201):按"SET"键 3 s 仪表进入内层参数设定状态。

4. 注意事项

(1) 若测量温度与实际温度相差很大,一般是用错传感器所致。请将传感器置于沸水中,仪表应显示 100 ℃。否则应检查传感器是否与仪表输入类型一致。

(2) 仪表显示正常,温度突然失控,应检查外部负载是否有短路或断路现象。

(3) 仪表显示"HHH"是测量值超出仪表量程或热电偶断线,显示"LLL"是测量值低于仪表量程下限或接反了热电偶。

三、恒温水浴振荡器

1. 仪器介绍及用途

水浴恒温振荡器(图 3-8)是一种培养、制备生物样品的生化仪器,是植物、生物、微生物、遗传、病毒、医学、环保、食品、石油、化工等科研、教育部门做各类生物的精密培养、基因工程的研究、石油化工的受热等实验时常用仪器。

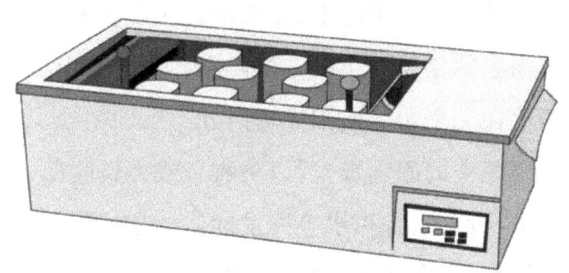

图 3-8　恒温水浴振荡器

2. 工作原理

主要有电容器和电感器组成的 LC 回路,通过电场能和磁场能的相互转换产生自由振荡。要维持振荡还要有具有正反馈的放大电路。由于器件参数不可能完全一致,因此在上电的瞬间两个三极管的状态就发生了变化,这个变化由于正反馈的作用越来越强烈,导致到达一个暂稳态。暂稳态期间另一个三极管经电容逐步充电后导通或者截止,状态发生翻转,到达另一个暂稳态。这样周而复始形成振荡。

3. 使用方法

(1) 在转速范围内中速使用,可延长水浴恒温振荡器的使用寿命。

(2) 水浴恒温振荡器应放置在较牢固的工作台上,环境应保持清洁整齐,通风干燥,给排水方便。

(3) 使用水浴恒温振荡器前,先将调速旋钮置于最小位置,关"振荡开关"。

(4) 装培养试瓶应注意以下几点:①均匀分布;②装液量不能偏少,防止产生试瓶漂浮;③密封好试瓶口,防止凝结的水珠滴入试瓶。

(5) 将自来水注入水箱,水位应略高于培养试瓶的内液面。

(6) 接通外电源,将电源开关置于"开"的位置,指示灯亮。

(7) 选择恒温温度。

(8) 选择定时,将定时旋钮调至"定时"或"常开"位置。

(9) 开"振荡开关",指示灯亮,缓慢调节调速旋钮,升至所需转速。

(10) 每次停机前,各开关应置于非工作状态,定时器置"零",切断电源。

4. 注意事项

(1) 仪器应放在坚硬牢固的平面上,并确保其水平状态。

(2) 仪器离墙离物必须保持约 10 cm 的距离。

(3) 切勿把仪器放在炉子边上或阳光直射处。

(4) 应经常检查烧瓶夹的固定螺丝,以防噪音或夹具脱落。

(5) 仪器表面不可与汽油、香蕉水等挥发性化学品接触。

(6) 保持箱内外洁净,经常清理杂物、污迹。

四、高压蒸汽灭菌锅

1. 仪器介绍及用途

高压蒸汽灭菌锅(图 3-9)是用比常压高的压力,把水的沸点升至 100 ℃以上的高温而进行液体或器具灭菌的一种高压容器。

2. 工作原理

灭菌器工作时,水在一定温度和压力下转化为水蒸气,继而形成饱和蒸汽,当饱和蒸汽遇到需要灭菌的物品时改变状态,释放热量,使灭菌物品升温、升压受潮将菌杀死,从而达到灭菌的效果。

3. 使用方法

(1) 灭菌/保温程序

用于培养基、试剂或其他溶液的灭菌并在灭菌后将溶液维持在一个较高的温度。灭菌完成后,腔内温度自然下降至排气阀的设定温度,排气阀开放。灭菌后溶液可维持在一个较高的温度以防止凝固。

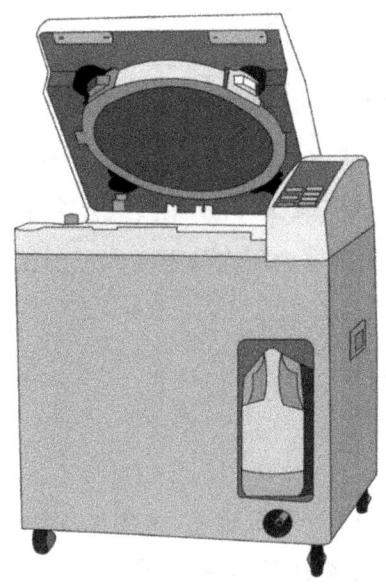

图3-9 高压蒸汽灭菌锅

①灭菌温度:105～135 ℃。

②灭菌时间:1～250 min。

③排气阀温度设定:100～125 ℃。

④保温温度:45～60 ℃。

(2) 熔解/保温程序

用于培养基的熔解和保持在特定温度下,防止已熔解的培养基发生凝固。此程序非灭菌程序。

①熔解温度:60～100 ℃。

②维持时间:0～250 min,72 h。

③保温温度:45～60 ℃,72 h。

(3) 仪器器皿灭菌程序

用于培养瓶、大口杯、试管等实验室仪器器皿的灭菌消毒。灭菌过程完成后,排气阀自动打开,温度下降至 100 ℃。对能够耐受迅速降压的仪器设备或带毒带菌废弃物最为合适。

①灭菌温度:105～135 ℃。

②灭菌时间:1~250 min,72 h。

4. 注意事项

(1) 待灭菌的物品放置不宜过紧。

(2) 必须将冷空气充分排除,否则锅内温度达不到规定温度,影响灭菌效果。

(3) 灭菌完毕后,不可放气减压,否则瓶内液体会剧烈沸腾,冲掉瓶塞而外溢,甚至导致容器爆裂。须待灭菌器内压力降至与大气压相等后才可开盖。

五、电热鼓风干燥箱

1. 仪器介绍及用途

电热鼓风干燥箱(图 3-10)又名烘箱,采用电加热方式进行鼓风循环干燥实验,其分为鼓风干燥和真空干燥两种,是一种常用的仪器设备,主要用来干燥样品,也可以提供实验所需的温度环境。

图 3-10　电热鼓风干燥箱

2. 工作原理

鼓风干燥是通过循环风机吹出热风,保证箱内温度平衡。真空干燥是采用真空泵将箱内的空气抽出,让箱内大气压低于常压,使产品处于一个很干净的环境。

3. 使用方法

(1) 把需干燥处理的物品放入干燥箱内,四周应留有一定空间,保持工作室内气流畅通,关好箱门,门把手应垂直向下。

(2) 根据物品的潮湿程度,调整风门到合适位置。

(3) 打开电源开关和风机开关,此时电源指示灯亮并能听到风机运转声。

(4) 设定好工作温度、报警温度(相对报警值),仪表会自动控温。

(5) 温度设定方法:点击设定键进入到温度设定状态,通过增加键、减小键和移动键改变所需的值。再按设定键进入到时间设定状态,通过减小键和移动键改变所需的值,再按下设定键,保存并退出设定状态。

4. 注意事项

(1) 干燥箱必须有效接地。

(2) 使用与干燥箱要求一致的电源。

(3) 不允许随意接长或剪短产品电源线。

(4) 不允许放易燃、易爆、易挥发及含有腐蚀性的物品进行干燥烘焙。

(5) 高温时(≥75 ℃)不允许触摸干燥箱的箱门、观察窗,以免烫伤。

(6) 不得将手或物件随意插入进风口或出风口。

(7) 干燥箱出现故障时,务必请专业人员进行维修。严禁自行拆开,否则后果自负。

(8) 必须充分阅读理解干燥箱使用说明书后才可进行操作。

(9) 更换熔断器及电器部分维修时必须拔下电源插头。

(10) 干燥箱长期不用必须拔下电源插头。

六、旋转蒸发器

1. 仪器介绍及用途

旋转蒸发器(图 3-11)是实验室广泛应用的一种蒸发仪器,适用于回流操作、大量溶剂的快速蒸发、微量组分的浓缩和需要搅拌的反应过程等。旋转蒸发器系统可以密封减压至 400~600 mmHg;用加热浴加热蒸馏瓶中的溶剂,加热温度可接近该溶剂的沸点;同时还可进行旋转,速度为 50~160 转/分,使溶剂形成薄膜,增大蒸发面积。此外,在高效冷却器作用下,可将热蒸气迅速液化,加快蒸发速率。

本装置通过电子调速,使烧瓶在最合适的速度下恒速旋转,在加热恒温负压条件下,使瓶内溶液扩散蒸发,然后再冷凝回收溶媒,是生物、医药、化工、食品等专业院校和科研单位用于浓缩、结晶、分离、回收等操作较为理想的必备仪器。

图 3-11　旋转蒸发器

2. 工作原理

通过电子控制,使烧瓶在最适合速度下恒速旋转以增大蒸发面积。通过真空泵使蒸发烧瓶处于负压状态。蒸发烧瓶在旋转同时置于水浴锅中恒温加热,瓶内溶液在负压下在旋转烧瓶内进行加热扩散蒸发。

3. 使用方法

(1) 电源插头插入 220 V/50 Hz 的交流电。

(2) 按电源开关使之接通,转动调速按钮,主机立即会旋转。

(3) 按升降键,主机会自动上升或下降。

(4) 水槽注入水后,按加热开关,设定温度便能自动控制加热。严禁无水干烧。

(5) 调正主机头角度,先松开立柱右侧梅花旋钮,转动主机头,达到合适角度后旋紧即可。

（6）完成试运转后，电源、加热开关均关闭。拔下电源插头。

（7）手动升降，转动机柱上面手轮，顺转为上升，逆转为下降。

（8）电动升降，手触上升键，主机上升，手触下降键，主机下降。

（9）冷凝器上有两个外接头是接冷却水用的，一头接进水，另一头接出水，一般接自来水，冷凝水温度越低效果越好。上端口装抽真空接头，接真空泵皮管抽真空。

（10）开机前先将调速旋钮左旋到最小，按下电源开关，指示灯亮，然后慢慢往右旋至所需要的转速，一般大蒸发瓶用中低速，黏度大的溶液用较低转速。烧瓶是标准接口24号，随机附500 mL、1 000 mL两种烧瓶，溶液量一般以不超过烧瓶容积50％为宜。

（11）使用时，应先减压，再开动电机转动蒸馏烧瓶。结束时，应先停电动机再通大气，以防蒸馏烧瓶在转动中脱落。

4．注意事项

（1）水槽无水状态下严禁开机加热，以免损坏机器。

（2）放换水槽水时必须切断电源。

（3）玻璃器件要轻拿轻放，以免弄坏。

（4）玻璃连接处要涂抹真空脂加强密封。

（5）严禁带电拆、装旋转蒸发仪，以防触电。

（6）如真空效果不好需检查：①各接头的接口是否密封。②密封圈的密封面是否有效。③主轴与密封圈之间真空脂是否涂好。④真空泵及其皮管是否漏气。⑤玻璃器件是否有裂缝、碎裂、损坏的现象。

第四节　分光光度计及酸度计

分光光度计及酸度计是化学、生物学实验室用于物质的定量定性分析及溶液酸碱度分析的常用仪器，其规范使用方法是每位学生必须掌握的基本操作技能。

一、722 型可见分光光度计

1. 仪器介绍

分光光度计(图 3-12)适用于对可见光谱区域内物质的含量进行定量分析,可广泛应用于冶金、农业、食品、生化、环保、石油化工、医疗卫生等行业的基础实验室。

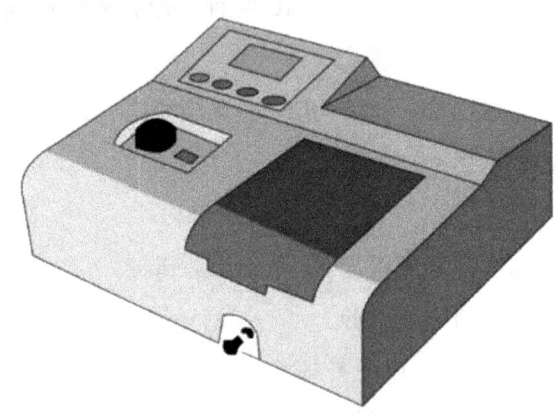

图 3-12　可见分光光度计

2. 工作原理

分光光度计利用物质对不同波长的光呈现选择性吸收现象来进行物质的定性与定量分析。本仪器根据相对测量原理先设定参比样品(溶剂、蒸馏水、空气等)的透射比为 100%,再测量待测样品的透射比,从而达到分析的目的。

3. 使用方法

(1) 开机预热:仪器在使用前应预热 30 min。

(2) 波长调整:转动波长按钮,并观察波长显示窗,调整至需要的测试波长。

注意事项:转动测试波长调 100% T/0A 后,稳定 5 min 后进行测量为好(符合行业标准及质监局检定规程需要)。

(3) 设置测试模式:按动"功能键"便可切换测试模式。相应的测试模式循环为：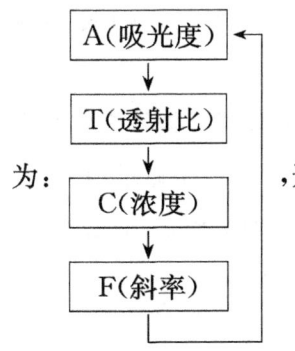，开机默认的测试方式为吸光度方式。

（4）结果打印：在得到测试结果后按动"打印"键便可打印结果（需外接标准串行打印机）。

（5）比色皿配对性：仪器所附的比色皿是经过配对测试的（其配对误差不大于0.5%T），未经配对处理的比色皿将影响样品的测试精度。石英比色皿一套两只，供紫外光谱区和可见光谱区使用。玻璃比色皿一套四只，供可见光谱区使用。比色皿是有方向性的，置入样品架时，两只石英比色皿上标记 Q 或箭头，四只玻璃比色皿上标记 G，方向要一致。

石英比色皿和玻璃比色皿不能混用，更不能和其他不经配对的比色皿混用。用手拿比色皿应握比色皿的磨砂表面，不应该接触比色皿的透光面，即透光面上不能有手印或溶液痕迹。待测溶液中不能有气泡、悬浮物，否则也将影响样品的测试精度。比色皿在使用完毕后应立即清洗干净。

注：玻璃比色皿使用的波长范围为 310～1 100 nm，石英比色皿使用的波长范围为 200～1 100 nm。

（6）调 T 零（0%T）：在 T 模式时，将遮光体置入样品架，合上样品室盖，并拉动样品架拉杆使其进入光路。然后按动调 T 零（0%T），显示器上显示"00.0"或"−00.0"，便完成调 T 零，完成调 T 零后，取出遮光体。

调零注意事项：

①测试模式应在透射比（T）模式下。

②如果未置入遮光体合上样品室盖并使其进入光路，便无法完成调 T 零。

③调 T 零时不要打开样品室盖，推拉样品架。

④调 T 零后（未取出遮光体），如切换至吸光度测试模式，显示器上显示为".EL"。

⑤如直接在吸光度(A)模式调 T 零,则在置入遮光体后不管显示器上是否显示". EL",均需按动"调 0％T"键。

(7) 调 100％T/0A:将参比(空白)样品置入样品架,并推拉样品架拉杆使其进入光路。然后按动"调 100％T"键,此时屏幕显示"BL",延时数秒便显示"100.0"(在 T 模式时)或"一.000""..000"(在 A 模式时),即自动完成调 100％T/0A。

注意事项:调 100％T/0A 时不要打开样品室盖、推拉样品架。

(8) 吸光度测试

①按动"功能键",切换至透射比测试模式。

②调整测试波长。

③置入遮光体,合上样品室盖,并使其进入光路,按动"调 0％T"键调 T 零,此时仪器显示"00.0"或"一00.0"。完成调 T 零后,取出遮光体。

④按动"功能键",切换至吸光度测试模式。

⑤置入参比(空白)样品,按动"调 100％T"键,此时仪器显示"BL",延时数秒后便显示"一.000"或"..000"。

⑥置入待测样品,读取测试数据。

(9) 透射比测试

①按动"功能键",切换至透射比测试模式。

②调整测试波长。

③置入遮光体,合上样品室盖,并使其进入光路,按动"调 0％T"键调 T 零,此时仪器显示"00.0"或"一00.0"。完成调 T 零后,取出遮光体。

④置入参比(空白)样品,按动"调 100％T"键,此时仪器显示"BL",延时数秒后便显示"100.0"。

⑤置入待测样品,读取测试数据。

(10) 浓度方式测试

①按动"功能键",切换至透射比测试模式。

②调整测试波长。

③置入遮光体,合上样品室盖,并使其进入光路,按动"调 0％T"键调 T 零,此时仪器显示"00.0"或"一00.0"。完成调 T 零后,取出遮光体。

④置入参比(空白)样品,按动"调100％T"键,此时仪器显示"BL",延时数秒后便显示"100.0"。

⑤置入标准浓度样品并使其进入光路。

⑥按动"功能键"切换浓度测试模式。

⑦按动参数设置键("△"或"▽"),设置标准样品浓度,并按动"确认"键。

⑧置入待测样品,读取测试数据。

(11) 斜率方式测试

①按动"功能键",切换至透射比测试模式。

②调整测试波长。

③置入遮光体,合上样品室盖,并使其进入光路,按动"调0％T"键调T零,此时仪器显示"00.0"或"－00.0"。完成调T零后,取出遮光体。

④置入参比(空白)样品,按动"调100％T"键,此时仪器显示"BL",延时数秒后便显示"100.0"。

⑤按动"功能键"切换至斜率测试模式。

⑥按动参数设置键("△"或"▽"),设置样品斜率。

⑦置入待测样品,并按动"确认"键(此时测试模式自动切换至浓度方式),读取测试数据。

注意事项:浓度显示范围为0~1 999,即输入标样的K值(C标样输入值/A标样)应控制在0~1 999范围之内。

4. 注意事项

(1) 应有一个良好的工作环境。

(2) 每次使用后应检查样品室内是否积存有溢出溶液,经常擦拭样品室,以防止废液对部件或光学元件的腐蚀。盛有测试溶液的比色皿不宜在样品室内久置。

(3) 要注意保护比色皿的光学窗(透光面)。除不要擦伤外,主要要防止光学窗被污染,使用完毕要及时清洗,不要使残存的样品或洗涤液吸附在光学窗上,以保持其良好的配对性。

(4) 仪器使用完毕应盖好防尘罩,可在样品室内放置干燥剂袋防潮,但开机时要取出。

(5) 仪器液晶显示器以及键盘日常使用和储存时应注意防划伤、防水、防尘和防腐蚀。

(6) 定期进行性能指标检测,发现问题立即与当地产品经销商或公司销售部联系。非专业维修人员请勿擅自打开机壳进行修理。

(7) 长期不使用仪器时,尤其要注意环境温度、湿度,最好在样品室内放置干燥剂并定期更换。

二、数字酸度计

1. 仪器介绍

该酸度计(型号 PHS-25,图 3-13)采用 3 位半十进制 LCD 数字显示。该机适用于大专院校、研究院所、工矿企业的化验室取样测定水溶液的 pH 和电位(mV)值。此外,还可配上离子选择性电极或 ORP(氧化-还原电位)电极,测出该电极的电极电位或 ORP 值。

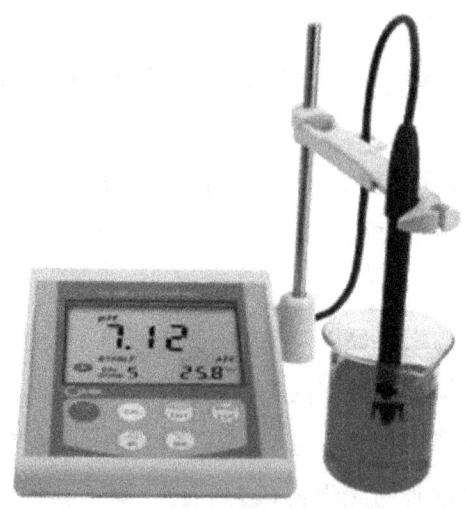

图 3-13 数字酸度计

2. 工作原理

酸度计是利用 pH 复合电极对被测溶液中氢离子浓度产生不同的直流电位,通过前置放大器输入到 A/D 转换器,以达到测量 pH 的目的,最后由数字显示 pH。

3. 使用方法

第一次使用的 pH 电极或长期停用的 pH 电极,在使用前必须在 3 mol/L 氯化钾溶液中浸泡 24 h。

(1) 开机前准备

①电极梗旋入电极梗插座,调节电极夹到适当位置。

②复合电极夹在电极夹上,拉下电极前端的电极套。

③拉下橡皮套,露出复合电极上端小孔。

④用蒸馏水清洗电极。

(2) 开机

①电源线插入电源插座。

②按下电源开关,电源接通后,预热 30 min,接着进行标定。

(3) 标定

仪器使用前先要标定,一般来说仪器在连续使用时,每天要标定一次。

①在测量电极插座处拔去短路插头。

②在测量电极插座处插上复合电极。

③如不用复合电极,则在测量电极插座处插上电极转换器上的插头;玻璃电极插头插入转换器插座,参比电极接入参比电极接口。

④把选择开关旋钮调到 pH 挡。

⑤调节温度补偿旋钮,使旋钮白线对准溶液温度值。

⑥把斜率调节旋钮顺时针旋到底(即调到 100%位置)。

⑦把用蒸馏水清洗过的电极插入 pH=6.86 的缓冲溶液中。

⑧调节定位调节旋钮,使仪器显示读数与该缓冲溶液当时温度下的 pH 相一致(如用混合磷酸盐定位温度为 10 ℃时,pH=6.92)。

⑨取出电极,用蒸馏水清洗后,过滤纸吸干玻璃球泡上的水分。

⑩将电极插入 pH=4 的溶液或 pH=9 的溶液中,显示值应是当时溶液的温度下 pH,否则调节斜率调节器,使其达到其显示值即可。(邻苯二钾酸氢钾斜率温度为 10 ℃时,pH=4.00。硼酸斜率温度为 10 ℃时,pH=9.33。)

注意:经标定后,定位调节旋钮及斜率调节旋钮不应再有变动。定位的缓冲溶液应为接近被测溶液 pH 的缓冲液。如被测溶液为酸性时,定位缓冲溶液应选 pH=4.00的缓冲溶液;如被测溶液为碱性时,则定位缓冲溶液应选 pH=9.18 的缓冲溶液。一般情况下,在 24 h 内仪器不需再标定。

(4) 测量 pH

经标定过的仪器即可用来测量被测溶液,被测溶液与标定溶液温度相同和不相同时的测量步骤也有所不同。

①被测溶液与定位溶液温度相同时,测量步骤如下:

a. 用蒸馏水清洗电极头部,用被测溶液清洗一次。

b. 把电极浸入被测溶液中,用玻璃棒搅拌溶液使溶液均匀,在显示屏上读出溶液的 pH。

②被测溶液和定位溶液温度不同时,测量步骤如下:

a. 用蒸馏水清洗电极头部,用被测溶液清洗一次。

b. 用温度计测出被测溶液的温度值。

c. 调节"温度"调节旋钮,使白线对准被测溶液的温度值。

d. 把电极插入被测溶液内,用玻璃棒搅拌溶液,使溶液均匀后读出该溶液的 pH。

(5) 测量电极电位(mV 值)

①选择开关旋钮置于"mV"位置。

②把离子选择电极或金属电极和参比电极夹在电极架上(电极夹选配)。

③用蒸馏水清洗电极头部,用被测溶液清洗一次。

④把电极转换器的插头插入仪器后部的测量电极插座处;把离子电极的插头插入转换器的插座处。

⑤把参比电极接入仪器后部的参比电极口处。

⑥把两种电极插在被测溶液内,将溶液搅拌均匀后,即可在显示屏上读出该离子选择电极的电极电位(mV 值),还可自动显示极性。

⑦如果被测信号超出仪器的测量范围,或测量端开路时,显示屏会不亮,作超载报警。

⑧使用金属电极测量电极电位时,用带夹子的 Q9 插头,Q9 插接入测量电极

插座处,夹子与金属电极导线相接,参比电极接入参比电极接口处。

(6) 缓冲溶液用完后可按下列方法自行配制：

①pH=4.00 溶液：用 G.R. 邻苯二甲酸氢钾 10.12 g 溶解于 1 000 mL 的高纯去离子水中。

②pH=6.86 溶液：用 G.R. 磷酸二氢钾 3.388 g、G.R. 磷酸氢二钠 3.533 g 溶解于 1 000 mL 的高纯去离子水中。

③pH=9.18 溶液：用 G.R. 硼砂 3.80 g 溶解于 1 000 mL 的高纯去离子水中。

注意：配制②、③溶液所用的水应预先煮沸 15～30 min,除去溶解的二氧化碳。在冷却过程中应避免与空气接触,以避免二氧化碳的污染。

4. 注意事项

(1) 电极在测量前必须用已知 pH 的标准缓冲溶液进行定位校准,其值越接近被测值越好。

(2) 取下电极套后,应避免电极的敏感玻璃泡与硬物接触,因为任何破损或擦毛都会使电极失效。

(3) 测量后,及时将电极保护套套上,电极套内应放少量外参比补充液以保持电极球泡的湿润。切忌浸泡在蒸馏水中。

(4) 复合电极的外参比补充液为 3 mol/L 氯化钾溶液,补充液可以从电极上端小孔加入,复合电极不使用时,拉上橡皮套,防止补充液干涸。

(5) 电极的引出端必须保持清洁干燥,绝对防止输出两端短路,否则将导致测量失准或失效。

(6) 电极应与输入阻抗较高的 pH 计($\geqslant 3 \times 10^{11}$ Ω)配套,以使其保持良好的特性。

(7) 电极应避免长期浸在蒸馏水、蛋白质溶液和酸性氟化物溶液中。

(8) 电极避免与有机硅油接触。

(9) 电极经长期使用后,如发现斜率略有降低,则可把电极下端浸泡在4% HF(氢氟酸)中 3～5 s,用蒸馏水洗净,然后在 0.1 mol/L 盐酸溶液中浸泡,使之复新。

(10) 被测溶液中如含有易污染敏感球泡或堵塞液接界的物质而使电极钝化,会出现斜率降低现象,显示读数不准。如发生该现象,则应根据污染物质的性质,用适当溶液清洗,使电极复新。

注:选用清洗剂时,不能用四氯化碳、三氯乙烯、四氢呋喃等能溶解聚碳酸树脂的清洗液,因为电极外壳是用聚碳酸树脂制成的,其溶解后极易污染敏感玻璃球泡,从而使电极失效。也不能用复合电极去测上述溶液。常见污染物质和清洗剂见表 3-2。

表 3-2 污染物质和清洗剂

污染物	清洗剂
无机金属氧化物	低于 1 mol/L 的稀酸
有机油脂类物质	稀洗涤剂(弱碱性)
树脂高分子物质	酒精、丙酮、乙醚
蛋白质血球沉淀物	胃蛋白酶+0.1 mol/L 盐酸溶液
颜料类物质	稀漂白液、过氧化氢

第五节 制冷设备

制冷是生物学实验室经常用到的一项基本技术,涉及的仪器设备包括冰箱、超低温冰箱、雪花机(制冰机)等。

一、-86 ℃ 超低温冰箱

1. 仪器介绍

超低温冰箱(图 3-14)可用于保存血浆、疫苗、试剂、药品等需要特殊温度保存的生物制品或理化材料。如果容器不能密封,不得在本设备中存放酸、碱等腐蚀性物质,否则有可能引起箱内组件和电器部件的腐蚀。超低温冰箱适用于医院、血站、疾病预防控制中心、科研机构、电子行业、化工行业、军工、畜牧系统、高校实验、生物工程、远洋渔业等。

2. 工作原理

由电动机提供机械能，通过压缩机对制冷系统做功。制冷系统利用低沸点的制冷剂蒸发时吸收汽化热的原理制成。

图3-14　超低温冰箱

3. 使用方法

（1）设定值的调整：首先必须进行解锁。先按"△"或"▽"，温度设定值闪烁，按"△"或"▽"，输入数字"06"，然后一直按下"功能选择"键5 s，"锁定"灯灭，进入解锁状态，可进行以下各项设定，按"功能选择"键可循环选择箱内温度设定、高温报警设定、低温报警设定，相应指示灯亮。

（2）"温度设定"时设定温度显示区闪烁：此时按"△"或"▽"键可改变温度设定值。调定后10 s不进行操作自动锁定。温度停止闪烁表示数值已经输入电脑，否则无效。温度设定范围为−10～−86 ℃。

（3）在"高温报警"设定时，设定温度显示区闪烁显示温度设定值：此时按移位及调节键可调整报警设定值。调定后不操作10 s自动锁定，温度停止闪烁表示数值已经输入电脑,否则无效。设定高温报警时设置温度不得高于最高限制温度,不得低于设定温度+5 ℃。

(4) 在"低温报警"设定时:设定温度显示区闪烁显示温度设定值。此时按"△"或"▽"可调整报警设定值。调定后不操作10 s自动锁定,温度停止闪烁表示数值已经输入电脑,否则无效。设定低温报警时设置温度不得低于最低限制温度,不得高于设定温度−5 ℃,否则无效。

(5) 密码设定:初次使用密码为"06",解锁后同时按"功能选择"与"蜂鸣取消"键5 s,显示"06",然后通过按"△"或"▽"键来调节密码值,密码值可在05、06、07、……、29、30之间选择。5 s内不操作自动锁定,密码值有效。

(6) 开机报警测试以及电池电量测试:通电后同时按下"△""蜂鸣取消"键5 s,蜂鸣器报警,报警指示灯闪烁,这是首先进行6 s电池电量测试。电量低指示灯闪烁6下,电量正常则电池电量指示灯不点亮。6 s后为开机报警测试,这时所有的指示灯将不闪烁点亮6 s,所有数码显示管显示"8"6 s,这说明所有显示部件正常。

4. 注意事项

(1) 由−60 ℃降至−80 ℃至少需要6 h。

(2) 强酸及腐蚀性的样品不宜冷冻。

(3) 室内温度:5～30 ℃,相对湿度80%/22 ℃。

(4) 距离地面>10 cm。海拔2 000 m以下。

(5) 当有断电提示时,按下"停止鸣叫"按钮。

(6) 一般制冷温度设置在−60 ℃。

(7) 经常检查外门的封闭胶条。

(8) 落地四脚平稳,水平。

(9) 散热对冰箱非常重要,要保持室内通风和良好的散热环境,环境温度不能超过30 ℃。

(10) 夏天把设定温度调到−70 ℃,注意平时设定不要太低。

(11) 供电电压220 V(交流电)要稳定,供电电流要保证至少在15 A(交流电)以上。

（12）当发生停电事故时，必须关闭冰箱后面的电源开关和电池开关，等到恢复正常供电时先把冰箱后面的电源开关打开，然后再打开电池开关。

（13）注意过滤网每个月必须清洗一次（先用吸尘器吸一下，吸好后用水冲洗，最后晾干复位）。内部冷凝器必须每两个月用吸尘器吸一下上面的灰尘。

（14）不要在门上锁的情况下用力去开门，避免门锁被撞坏。

（15）存取样品时门开得不要过大，存取时间尽量要短。

（16）经常要存取的样品放在上面两层，需要长期保存不经常存取的样品放在下面两层，这样可保证开门时冷气不过度损耗，温度不会上升太快。

（17）要除霜只能切断冰箱电源并且把门打开，当冰和霜开始融化时必须在冰箱内每一层放上干净和易吸水的布把水吸收且擦干净（注意：水会很多）。

二、雪花机

1. 仪器介绍及用途

雪花机（图3-15）运用微电脑控制技术，同时可根据不同环境温度优化系统运行，光电控制技术侦测冰满自动停机，取走冰块后自动开机，控制方式可靠，不会受环境温度影响而误动作。

图3-15　雪花机

2. 工作原理

雪花机是采用行腔隔片式结构的制冰碎冰机构,制冰效率高,出冰量大,有冰满、缺水、故障警告显示等保护性停机功能,可以全电脑程序控制。

3. 使用方法

(1) 开机,将主电源开关置于ON(接通)位置,机器开始工作。机器设有延时装置,即在通电3 min启动减速器、压缩机等部件,在此期间指示冷凝温度高的红灯(LED)闪亮(即3 min延时)。第一批雪花冰约在压缩机启动3 min后落入储冰箱,10 min后出冰正常。

(2) 停机,关闭主电源开关,机器停止工作。每次重新启动时,机器都要经3 min延时后开始自动运行。

(3) 指示灯说明,电子雪花机的前面板上的五个指示灯分别监控下列情况:

绿灯亮	机器在通电状态
黄灯亮	储冰箱冰满,当冰被取走后10 s,机器自动恢复工作
黄灯亮	水箱缺水,当来水后10 s,机器自动恢复工作
红灯亮	冷凝器温度过高或环境温度过低
红灯闪亮	开机时3 min延时状态(正常)
红灯亮	冰钻转向错误或转速低于850 r/min(XB70/100/130)或低于1 300 r/min(XB250/350/550)
红灯闪亮	蒸发器温度高,即开机10 min后蒸发温度仍没降到$-1\ ℃$以下

注:①冷凝器温度高的原因:风机不工作;冷凝器堵塞;冷凝温度传感器或PC板损坏;环境温度过高。②蒸发温度高的原因:制冷剂短缺;冷凝温度过高;蒸发温度传感器或PC板损坏。③复位键说明:当由于安全装置的启动而使机器停止工作时,如再启动机器时需先判断故障原因并排除故障,然后按复位键或将主电源开关置于OFF(断开)位置再置于ON(接通)位置。

4. 注意事项

(1) 不论压缩机出于何种原因(缺水、冰量过多、断电等)而停机时,不得连续启动,要每隔5 min再启动,以免损坏压缩机。

(2) 定时检查进、出水管接头,以便处理可能泄漏的少量余水。

(3) 制冰碎冰不用时,应排掉内胆内的余水,用干净的布擦干储冰箱内胆,拧掉箱体后面排污接头盖以排掉水盒内的余水,再拧紧排污接头盖。

(4) 当周围温度降到 0 ℃以下时，有结冰的可能，必须进行排水作业，将水放掉，否则有可能造成进水管的破裂。

(5) 在对制冰机进行清洁、检查及一周以上不用时，请拔掉电源插头。

(6) 排水管应每年检查 1~2 次，以防堵塞。

第六节　离心机及捣碎机

离心机及捣碎机是物质制备与分离纯化中经常使用的仪器设备。

一、离心机

1. 仪器介绍及用途

离心机(图 3-16)是利用离心力分离液体与固体颗粒或液体与液体的混合物中各组分的机械。离心机主要用于将悬浮液中的固体颗粒与液体分开，或将乳浊液中两种密度不同又互不相溶的液体分开(例如从牛奶中分离出奶油)；它也可用于排除湿固体中的液体，例如用洗衣机甩干湿衣服；特殊的超速管式分离机还可分离不同密度的气体混合物；利用不同密度或粒度的固体颗粒在液体中沉降速度不同的特点，有的沉降离心机还可对固体颗粒按密度或粒度进行分级。

2. 工作原理

离心机在高速旋转的过程中，由离心力所导致的运动使悬浮于液体中的固体物质形成沉淀，也就是悬浮液中质量或体积较大的物体向转头半径最大的方向移动，而质量或体积较小的部分沉积在转头半径较近的地方。

3. 使用方法

(1) 连接好电源线，打开仪器右边开关，仪器进入自检状态，屏幕上显示离心机型号、名称。

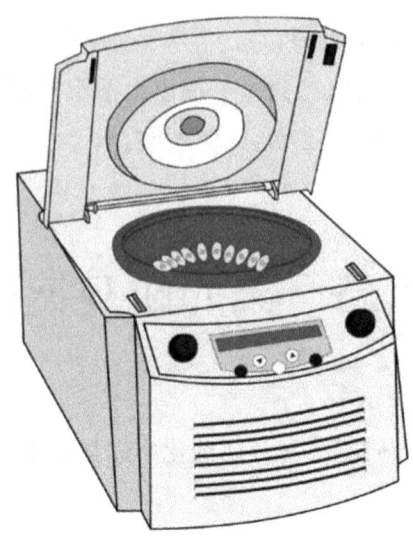

图 3 - 16 离心机

(2) 平衡装载样品,用所配的六角扳手固定紧转子,并盖上机盖。"Open"键的灯颜色会变为蓝色。假如屏幕显示"Press Open"或"Close Lid",表示机盖尚未正确封闭,按"Open"键开盖并将机盖再次关紧即可。

(3) 温度、时间和速度设定,按"Temp""Time""Speed"键使设定值闪烁,然后用"▲""▼"箭头设定,在离心机运行或静止状态都可进行。假如要设定离心力,按动"Speed"离心力符号(∗)出现在速度值的左边后设定。温度设定范围:−9~40 ℃。

(4) 设定参数完毕后,按"Start"开始运行,按"Stop"可随时停止运行,仪器自动降速停止。

(5) 升降速率设置:重复按压"Time"键出现并使用"▲""▼"箭头进行加速或减速速率设置。速率范围:0~9(速率由低至高)。

(6) 按下"Fast Cool"键仪器将以固定转速快速制冷至设定温度,在到达设定的温度时,制冷停止,系统给出声音提示;也可通过"Stop"键停止制冷。此键专门用于快速预冷转子。

(7) 程序设定:在参数设置完毕后,连续按"Prog"键两次,用箭头设置程序名,然后按"Prog"约 2 s 直至屏幕上出现"OK",则表示程序已存储成功。

4. 注意事项

(1) 本仪器必须放置于水平而且稳定的平台上,不能置于阳光的直接照射下,并确保离心机四周有足够的空间保证空气流通。

(2) 请勿于易燃易爆环境中使用本仪器,而且不能用于离心具有爆炸性质或可剧烈反应的物质。

(3) 转子须上到位并用正确工具充分旋紧,请勿在转子尚未可靠上紧之前开始操作,运行期间不要搬动或敲击离心机。

(4) 运用正确的方式上样,注意样品平衡,避免污染转子、适配器及机器腔体。

(5) 请避免使用高浓度酸、碱和氯化物,高浓度盐水以及包含铜、汞等重金属离子的腐蚀性溶液,假如转子或仪器内腔粘上以上溶液,请立即使用中性清洁液清理。

(6) 对于冷冻型离心机,每次使用完后必须擦干内腔的冷凝水。为避免冷凝水的形成,使用完后必须打开机盖放置。

二、高速冷冻离心机

1. 仪器介绍

高速冷冻离心机(图 3-17)适用于 DNA 一级结构与功能研究 DNA 酶反应、基因片段分离、回收胚蛋白、酶蛋白沉淀 HDL 胆固醇的测定以及其他生物样品的分离实验,更适用于样品量少、操作步骤多、离心力较大的实验。

本机可在环境温度 5~40 ℃,相对湿度不超过 80%,周围无导电尘埃、爆炸性气体和腐蚀性气体的条件下安全使用。

2. 工作原理

冷冻离心机的工作原理主要分为两部分,即离心部分和冷冻部分,主要包括驱动电机、驱动电路、显示器、压缩机组、钢制机架、电子门锁、合金转子体等部件。通过程序的设置能实现离心转数可调、离心时间可设定、离心温度可控制三个最基本的要素。冷冻离心机可分为超高或高速冷冻离心机和低速冷冻离心机,其应用的领域和实验范围有所区别。

图 3-17 高速冷冻离心机

3. 使用方法

(1) 插上电源,打开电源开关,调速与定时系统的数码管显示的闪烁数字为机器工作转速的出厂设定,制冷系统未启动,温度窗口显示"000"。

(2) 设定机器的工作参数,如工作温度(启动制冷系统后)、运转时间和转速。

(3) 按控制面板上的"离心"键,离心机开始运转。在预先设定的加速时间内,其转速升至预先设定的值。

(4) 到达预先设定的运转时间,离心机开始减速,其转速在预先设定的减速时间内降为零,盖门弹开,显示转速值。这时机器已准备好下一次工作。

(5) 在运行中也可按控制键上的"停止"键,使离心机停止工作。速度降为零后,盖门弹开,显示转速值。

4. 注意事项

(1) 将仪器放置在坚固平整的地面上,应至少距离地面 30 cm 以上,且具有良好通风的环境处。

(2) 使用前应检查转头是否有伤痕、腐蚀,离心管是否有裂纹老化现象,如有就应及时更换。

(3) 离心杯必须等量灌注,切不可在转子不平衡状态下运转。

(4) 不能在塑料门盖上放置任何物品,以免影响仪器的使用效果,不能在机器运转过程中或转子未停稳的情况下打开盖门,以免发生事故。

(5) 除运转速度和运转时间外,不要随意更改机器的工作数据,以免影响机器的性能。

(6) 使用中如出现00000或其他数字,机器不运转,应关机断电,10 s后重新开机,待显示设定转速后,再按"运转"键,机器将照常运转。

(7) 如样品比重超过 1.2 g/cm³,最高转速 n 需按下式计算:

$$n = n_{\max}(1.2/样品比重)^{0.5}$$

(8) 离心机一次运行最好不要超过 60 min。

(9) 离心机必须可靠接地;机器不使用时请拔掉电源插头。

(10) 在待机状态要打开盖门。按"停止"键,门锁自动弹开,用手开启盖门。

(11) 插上电源,打开电源开关,调速和定时系统的数码管显示闪烁的设定转速为待机状态,同时可开启盖门,这时可把样品等量对称地放入杯托中,盖好盖门。如果改变设定参数,请按运转设定和时间设定的方法重新设定。完毕后,按"离心"键仪器运转,运转结束后显示闪烁的设定速度,同时电子门锁弹开,用手开启盖门取出样品,这时离心机已准备好下一次运转。

(12) 如遇停电或其他原因门锁不能自动打开,可以用六角扳手将机壳左侧的内六角螺母顺时针旋转 90 度,门锁就会打开。

三、电动高速组织捣碎机

1. 仪器介绍

组织捣碎机(图 3-18)的主要特点是容量大、功率大、转速高,设有机械定时,操作简便,特别适用于各种肝脏组织的捣碎。捣碎的匀浆杯选材为不锈钢,有优越的抗腐蚀性能,清洗、消毒十分方便,是生物、遗传、病毒、医学、环保、水产、实验室、分析室、教育科研的必备工具。

2. 工作原理

通过电机的高速转动,经过皮带轮带动大轮的转动从而带动连杆移动,连杆的移动带动滑块在捣碎缸内上下移动,是轮干组合结构。

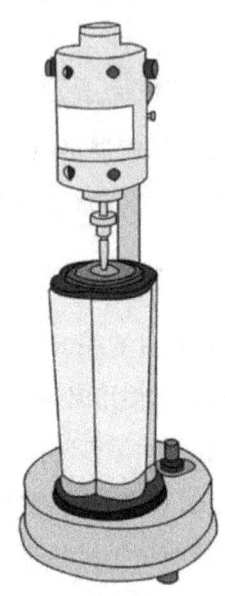

图 3‑18　电动高速组织捣碎机

3. 使用方法

(1) 先将刀轴和机轴配合好,后将连接器弹簧型元件向下移动至齿槽内,机器才好运转。

(2) 开机之前必须注意电源与电机上电压是否相符。

(3) 炭刷经常要检查,如太短要更换新炭刷。如发现炭刷火花不正常应立即停止使用,检查故障原因,修理好后方可使用。

(4) 由于电机转速高,如连续使用会使电机烧坏。因此使用时间以 3 min 为限,停止 5 min 后方可使用。

(5) 玻璃杯装置时需与机上圆轴心对准,居中,四面无摇动后方可开机。

4. 注意事项

(1) 本机不宜空转,使用时须放入少量液体或油脂。

(2)放入物料时须缓缓加入,先开慢挡,后开快挡,但开慢挡只能作起步使用,不宜常用。

四、样品粉碎机

1. 仪器介绍及用途

样品粉碎机(图3-19)用于工业、农业、医药卫生、大专院校等科研单位的分析化验,可以对各种植物、土壤、粮食、砂石、肥料、药品及其他样品进行粉碎处理。

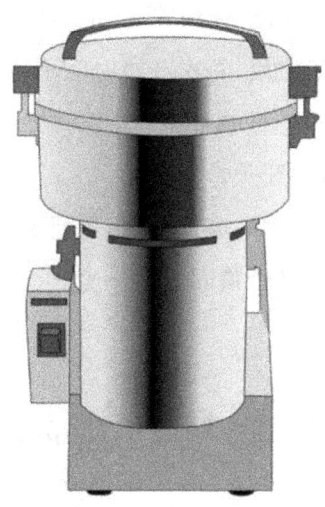

图3-19 样品粉碎机

2. 工作原理

粉碎机工作原理由人工或机械喂入机构将物料由进料口均匀地喂入粉碎室,粉碎室内有高速旋转的锤片,上机体内装有定刀、动刀和齿板,加入的物料在锤片的强烈打击及锤片与齿板之间的撕裂和搓擦等作用下迅速被粉碎成粉状,由于离心力和粉碎机下腔负压的作用,细碎的物料通过筛孔落到下腔。

3. 使用方法

(1)打开上盖(顺时针关,逆时针开)。

(2)把干燥药物放入粉碎箱内。

(3) 将上盖关紧。

(4) 插上电源,打开定时器开关。

(5) 当滚动的声音比较均匀时,说明药物已粉碎成粉,即可关机。

(6) 打开上盖,倒出粉末。

4. 注意事项

(1) 为了使用者的人身安全,电源必须接地线。

(2) 粉碎物必须干燥,不宜加工潮湿和有油脂的中药。

(3) 粉碎的药物勿超过粉碎槽容量的一半。

(4) 一般中药粉碎只需 30 s,硬药粉碎 1 min 即可。

(5) 本机不能连续长时间使用,每次开机时间不得超过 5 min。如果加工数量较多,应间隔使用,防止轴承过热而损坏电机。

(6) 上盖打开时,请勿启动开关。

(7) 长期使用后,炭刷和刀片如磨损严重,需要更换。

(8) 经常检查刀片的螺丝是否紧固。

第七节 显微镜以及超净工作台

显微镜是观察细胞及亚细胞结构的主要仪器设备,超净工作台是无菌操作的专用设备。正确、规范使用这些仪器设备是生物学专业学生的必备技能。

一、显微镜

1. 仪器介绍

显微镜(图 3-20)是由一个透镜或几个透镜的组合构成的一种光学仪器,是人类进入原子时代的标志,其主要用于放大微小物体。显微镜分光学显微镜和电子显微镜。

2. 工作原理

根据凸透镜的成像原理,要经过凸透镜的两次成像。

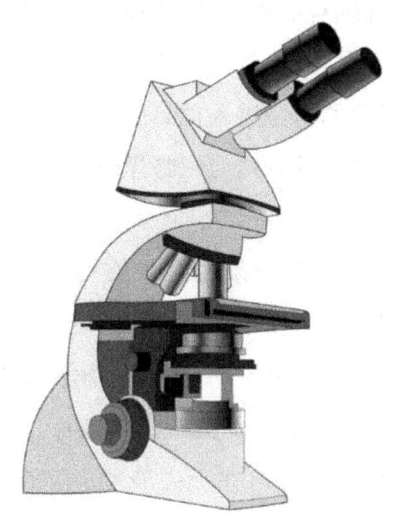

图 3-20　光学显微镜

3. 使用方法

(1) 取镜安放:手持显微镜的正确方法应是右手握住镜臂,左手托住镜座。切不可单手斜提,以防目镜滑出。使用显微镜观察时,显微镜应放在身体前方略偏左的地方,以便用左眼观察,右手绘图。

(2) 对光:转动转换器,使低倍物镜对准通光孔。注意物镜的前端与载物台要保持 2 cm 的距离。双眼睁开,左眼注视目镜,将遮光器上较大的光圈对准通光孔,转动反光镜,使光线通过通光孔反射到镜筒内。从目镜中就可见到一个白亮的圆形视野。如光线过于强烈,可调小光圈或用平面反光镜。

(3) 压片:压片是将切片、涂片或装片等玻片标本用金属压片夹固定在载物台上。压片时,要使玻片上的标本正对通光孔的中心,标本小时尤其要注意这一点。否则,标本会偏出视野,调焦时找不到标本。

(4) 调焦观察:不论观察何种玻片标本,首先应用低倍物镜观察。当对好光后,把玻片标本放在载物台上,用压片夹压住,并使玻片标本中的标本正对通光孔的中心。然后顺时针转动粗准焦螺旋,使镜筒缓缓下降,直到物镜接近玻片标本为止(一般距盖玻片 2～3 mm)。镜筒下降时,眼睛须从旁边注视物镜,以免物镜碰到玻片标本,压碎盖玻片,损坏镜头。然后左眼向目镜内观察,同时反方向转动粗准焦螺旋,使镜筒缓缓上升,直到对准焦点,看清物像为止。再转动细准焦螺旋,来回调节,使看到的物像更加清晰。如果物像不在视野中间,则可一边观察,一边用手移动玻片标本,直到所要观察的物像进入视野中间。值得注意的是,从目镜中看到的物像是倒像。因此,玻片移动的方向与视野里物像的移动方向正好相反。

4. 注意事项

(1) 必须轻拿轻放显微镜。拿时须用右手握镜臂,左手托镜座。放时让镜座的前端先接触桌面,然后轻轻放下整个镜座,避免镜身受到震动。

(2) 为了防止透镜被污染,应做到:不要用手指触摸透镜,以免汗液沾污;下降镜筒时,一定要从旁边注视物镜,防止物镜碰到盖玻片,损坏玻片标本和物镜;当观察新鲜的标本时,一定要盖上盖玻片,并吸去玻片上多余的水或溶液等;每次用完显微镜后,应用擦镜纸将目镜、物镜擦干净。

(3) 不要随意转动细准焦螺旋,观察时必须先用粗准焦螺旋调节焦距,看清物像后再用细准焦螺旋进行微调。由于细准焦螺旋转动有一定的范围,当旋转不动时,应将粗准焦螺旋向相反方向转动,然后再用细准焦螺旋调节。切不可硬行转动,以防损坏齿轮。

(4) 观察完毕,将玻片从载物台上取下时,必须先升高镜筒,以免玻片碰击物镜。然后转动转换器,将物镜转到正前方,呈"八"字形。

二、三目生物显微镜

1. 仪器介绍及用途

数码摄影生物显微镜(图 3-21)广泛应用于生物医学、科研及教学领域,是生物学、细胞学、肿瘤学、遗传学、免疫学等进行显微研究的得力助手。

2. 工作原理

灯丝发出光线经非球面光镜及聚光镜使标本获得较大视野照明。由物体所透射的光线经物镜辅助透镜、折向棱镜、分光棱镜、反光镜,使光轴倾斜 45°并聚成像在目镜焦平面上,该像再被放大进入人眼,从而得到一个放大而清晰的虚像。

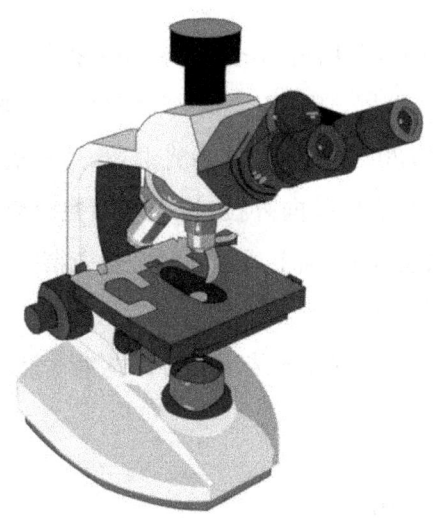

图 3-21 数码摄影生物显微镜

3. 使用方法

(1) 接通电源,将灯源插头插入插座内,输入电压为 220 V/50 Hz。通过变压器输出为 6 V 电压,通过电位器手轮调节,可使光源明暗连续变化。

(2) 将标本放入移动台上,用标本夹板夹紧,扳孔径光阑手柄、打开孔径光阑。

(3) 使用中倍物镜(10×)通过双筒观察,调节粗、微动调节手轮使右目镜管中成像清晰,然后转动左目镜管上视度调节圈,使之成像清晰,操作者可根据不同的视力进行调节。

(4) 当转换到其他物镜时,视场中仍有模糊轮廓像,可重新利用调焦手轮使之成像清晰。

(5) 扳动孔径光阑手柄、调节孔径光阑大小,使成像获得良好的对比度。

4. 注意事项

(1) 显微镜不论在使用或者存放时应避免灰尘、潮湿、过冷、过热及含有酸碱性的蒸汽。

(2) 显微镜使用完毕后,即以玻璃罩或塑料套将仪器罩没,并使其减少潮气和尘埃的影响。

（3）物镜用毕后卸下，放在物镜罩壳内，或将卸下之物镜、目镜均须放入干燥缸内。

（4）透镜表面有污垢时，可用清洁的脱脂纱布或擦镜纸，沾上少许二甲苯或混合剂（乙醚：乙醇＝3∶1）揩拭，切忌用酒精，否则透镜上的胶将被溶解。

（5）本仪器使用 6 V/20 W 溴钨灯泡为光源，当用户需更换时，可将仪器底部翻转，抓住灯座螺钉逆时针旋松并向外拉，拔下灯泡换上新的灯泡（灯泡玻壳不能有手指印，用清洁纱布拿住灯泡，插上后用酒精把玻壳揩拭清洁），然后把接插件卡脚对准底座上两槽口，顺时针拧紧即可。

（6）仪器长期使用后应注意在各传动部分加些润滑脂，所用油脂宜粘度适当，避免酸性（图 3-5）。

三、显微熔点测定仪

1. 仪器介绍及用途

显微熔点测定仪（图 3-22）广泛应用于医药、化工、纺织、橡胶等方面的生产、化验、检验，高等院校化学院系等部门对单晶或共晶等有机物质的分析，工程材料和固体物理的研究，为观察物体在加热状态下的形变、色变及物体的三态转化等物理变化的过程提供了有力的途径。

图 3-22　显微熔点测定仪

2. 工作原理

本仪器显微镜、加热台为一体结构,温度检测器为插入式,使用方便,显微镜用来观察样品受热后的反应、变化及熔化的全过程。加热台用电热丝加热,并带有风机,可快速降温。可用载波片法测量熔点,也可用毛细管测量熔点。

3. 使用方法

(1) 对新购仪器,接通电源,开关打到加热位置,从显微镜中观察加热台中心光孔是否处于视场中,若左右偏,可左右调节显微镜来解决。前后不居中,可以松动加热台两旁的两只螺钉,注意不要拿下来,只要松动就可以了,然后前后推动加热台上下居中即可,锁紧两只螺钉。在推动加热台时,为了防止加热台烫伤手指,把波段开关和电位器扳到编号最小位置,即逆时针旋到底。

(2) 进行升温速率调整,这可用秒表式手表来调整。在秒表某一值时,记录下这时的温度值,然后,秒表转一圈(1 min)时再记录下温度值。这样连续记录下来,直到所要求测量的熔点值,其升温速率为 1 ℃/min。太快或太慢时可通过粗调和微调旋钮来调节。注意:即使粗调和微调旋钮不动,但随着温度的升高,其升温速率也会变慢。

(3) 把测温仪的传感器插入加热台孔到底即可。若其位置不对,将影响测量准确度。

(4) 要得到准确的熔点值,先用熔点标准物质进行测量标定。求出修正值(修正值=标准值-所测熔点值),作为测量时的修正依据。注意:标准样品的熔点值应和所要测量的样品熔点值越接近越好。(样品的熔点值=该样品实测值+修正值)

(5) 对待测样品要进行干燥处理,或放在干燥缸内干燥,粉末要研细。

(6) 当采用载玻片测量时,建议该盖玻片(薄的一块)放在加热台上,放上药粉,再放上载波片测量。

(7) 数字温度显示最小一位(如 8 或 7 之间跳动时)应读为 8.5 ℃。

(8) 重复测量时,开关处于中间关的状态,这时加热停止。自然冷却到 10 ℃以下时,放入样品,开关打到加热时,即可进行重复测量。

(9) 测试完毕应切断电源,当加热台冷却到室温时,方可将仪器装入包箱内。

4. 注意事项

(1) 应有专人保管仪器,负责维护保养。

(2) 仪器在使用后应先切断电源,待加热台冷却后将其清理干净。

(3) 仪器应该放在通风、干燥和无腐蚀性气体的环境中。

(4) 显微镜应加盖防尘罩或放入仪器箱内。

四、超净工作台

1. 仪器介绍及用途

超净工作台(图3-23)是为了适应现代化工业、光电产业、生物制药以及科研实验等领域对局部工作区域洁净度的需求而设计的。其广泛适用于医疗卫生、制药、化学实验、电子、国防、精密仪器、仪表等行业。

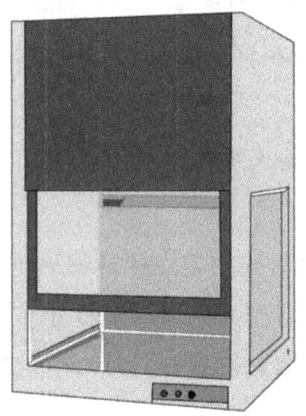

图3-23 超净工作台

2. 工作原理

空气经过初效过滤器,由离心风机压入静压箱,再经过高效过滤器过滤后从出风面吹出,形成洁净气流,洁净气流以均匀的断面风速流经需要净化的区域,将该域内的尘埃带走,从而形成高洁净度的工作环境。

3. 使用方法

(1) 确认超净工作台内无异物。

（2）用75%酒精擦拭台面，禁止用75%酒精擦拭有机玻璃隔离板。

（3）按下总电源开关，打开紫外线灯开关，照明40 min后，关闭紫外线灯开关。

（4）按下照明灯开关，照明灯亮后，按下风机运行按钮，风机即开始正常运行。

（5）向上拉开有机玻璃隔离板，依次放入经灭菌的实验用具、培养基及被检药品后，拉下有机玻璃隔离板，才可开始进行相关的实验。

（6）实验结束后拉开有机玻璃隔板，取出相关物品，按下风机停止按钮，风机停止运行。

（7）用75%酒精认真做好净化工作台使用后的清洁擦拭工作。

（8）关闭照明灯后，拉下有机玻璃隔离板，关闭总电源。

4. 注意事项

（1）工作台内进行实验操作时动作要尽量轻缓，防止破坏工作台环境。

（2）工作台面上禁止存放无关的物品，以保持工作区的洁净气流不受干扰。

（3）未使用此工作台1月以上，建议使用前用丝光毛巾或不产生纤维脱落的物品认真进行清洁工作。

（4）禁止在预过滤器进风口部位放置物品，以免挡住风口造成进风量减少，降低净化能力。

（5）禁止在工作台面上记录书写，工作时应尽量避免做明显扰动气流的动作。

第八节　通风橱及真空循环泵

在实验过程中，常有有毒有害气体产生，通风橱是排除这些气体的必备设备，在实验室通风设计中，通风橱是不可缺少的一个组成部分。正确使用通风橱对于保证实验室安全运行具有重要作用。真空泵则适合于化学、制药、石化等行业对腐蚀性气体的处理，如抽滤、减压蒸馏、旋转蒸发、真空浓缩、离心浓缩、固相萃取等。

一、通风橱

1. 仪器介绍及用途

通风橱(图3-24)是实验室通风设计中不可缺少的一个组成部分。为了使实验室工作人员不吸入或咽入一些有毒的、可致病的或毒性不明的化学物质和有机体,实验室中应有良好的通风。为阻止一些蒸气、气体和微粒(烟雾、煤烟、灰尘和气悬体)的吸收,污染物质须用通风橱、通风罩或局部通风的方法除去。

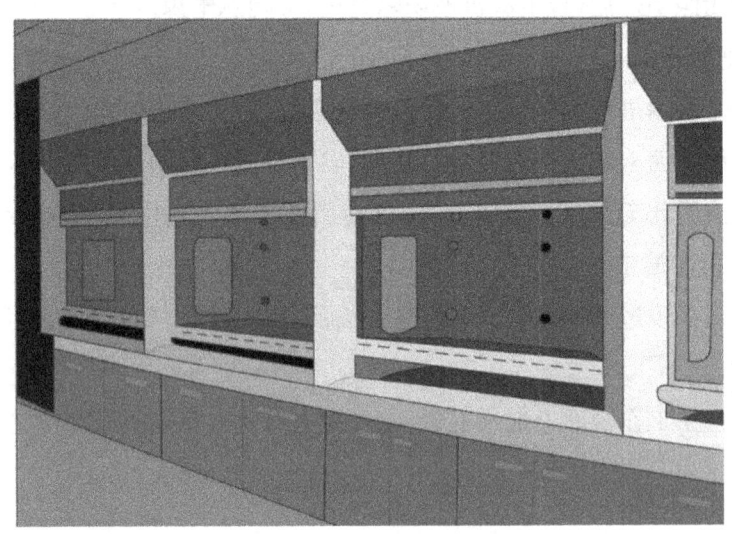

图3-24　通风橱

通风橱最主要的功能是排气。在化学实验室中,实验操作时产生各种有害气体、臭气、湿气以及易燃、易爆、易腐蚀性物质,为了保护使用者的安全,防止实验中的污染物质向实验室扩散,在污染源附近要使用通风橱。以往通风橱使用台数较少,只在特别有害且危险的气体及产生大量热的实验中使用。

2. 工作原理

通风橱是一种局部气体排放设备。室内空气或柜内有毒气体利用高效风机通过管道被排出室外,保护了实验室内的洁净环境,保证了操作人员的安全。

3. 使用方法

（1）新安装的或长期未使用的通风橱，必须认真进行清洁工作。长期不使用的通风橱应拔下电源插头。

（2）工作台面上禁止存放不必要的物品，以保持工作区的气流不受干扰。

（3）禁止在工作台面上记录书写，工作时应尽量避免做明显扰动气流的动作。

（4）当需要调节风机风速时，用工作台操作面板上的轻触型开关进行调节。

4. 注意事项

（1）禁止用水冲洗通风橱。

（2）请不要用挥发性液体、稀释剂等擦拭本机，以免伤及外涂层或引起涂层变色。

（3）禁止在 1 min 之内反复操作电源开关，以免因频繁动作而损坏电气元器件。

（4）请不要触碰产品内的电器元器件。当必须要触碰时，请先切断电源。

（5）长期停用时，请从插座上拔出电源插座。

（6）请不要将重物放在电源引线上，不要夹压电源引线，以免因电源引线破损而引发火灾、触电。

（7）在实验开始以前，必须确认通风橱处于运行状态才能进行实验操作。

（8）实验结束后至少还要继续运行 5 min 以上才可关闭通风机，以排出管道内的残留气体。

二、循环水多用真空泵（SHZ-3）

1. 仪器介绍及用途

循环水多用真空泵（图 3-25）适合于化学、制药、石化等行业对腐蚀性气体的处理，如抽滤、减压蒸馏、旋转蒸发、真空浓缩、离心浓缩、固相萃取等。

2. 工作原理

循环水多用真空泵在真空泵的基础上，根据实验室面积较小这一特点，参照日本台式泵，一次性成型外壳，缩小体积改进而成，具有体积小、重量轻、外型美观等特点。机体采用双抽头,可单独或并联使用,装有两个真空表。主机采用不锈钢机芯和防腐材质机芯。耐腐蚀,无污染,噪音低,移动方便,还可根据用户需要加装真空调节阀。可同时供四名学生进行化学实验,缩小实验空间。

图 3-25　循环水多用真空泵

3. 使用方法

(1) 准备工作。将循环水多用真空泵平放于工作台上,首次使用时,打开水箱上盖注入清洁的凉水(亦可经由放水软管加水)。当水面即将升至水箱后面的溢水嘴下高度时停止加水,重复开机可不再加水。每星期至少更换一次水,如水质污染严重,使用率高,则需缩短更换水的时间,保持水箱中的水质清洁。

(2) 抽真空作业。将需要抽真空的设备的抽气套管紧密套接于本机抽气嘴上,关闭循环开关,接通电源,打开电源开关,即可开始抽真空作业,通过与抽气嘴对应的真空表可观察真空度。

(3) 当循环水多用真空泵需长时间连续作业时,水箱内的水温将会升高,影响真空度。此时,可将放水软管与水源(自来水)接通,溢水嘴作排水出口,适当控制自来水流量,即可保持水箱内水温不升,使真空度稳定。

(4) 当需要为反应装置提供冷却循环水时,在前面第(3)条操作的基础上,将需要冷却的装置进水、出水管分别接到本机后部的循环水出水嘴、进水嘴上,转动循环水开关至"ON"位置,即可实现循环冷却水供应。

4. 注意事项

(1) 经常保持水质清洁是设备能长期稳定工作的关键。

(2) 必须定期换水、清洗水箱。

(3) 不能抽粉尘和固体物质。

(4) 某些腐蚀性气体可导致水箱内水质变差,产生气泡,影响真空度,故应注意不断循环换水。

(5) 对特殊强腐蚀性气体,应认真判断是否与本设备所使用材料有反应,并谨慎使用。

(6) 真空度上不去应首先判断是否被抽容器泄漏或皮管接口松动。如属泵的问题,则检查进水口或各气路是否堵塞或松动漏气。

(7) 循环水多用真空泵的电机不转,应检查电源或保险丝。

第九节　制药相关设备

常见的制药实验相关的仪器设备有手动式压片机、溶出实验仪及崩解时限测定仪等,下面对它们的性能、用途及规范使用方法作一介绍。

一、压片机(手动式)

1. 仪器介绍及用途

手动压片机(图3-26)能将粉粒状原料压制成片剂,可广泛应用于制药企业、化工企业、医院、科研单位、实验室试制和小批量生产。

2. 工作原理

工作时,放油阀关闭。摆动手动压把,油液从油池中经单向阀吸入,通过出油阀压出进入大活塞中,这样不断续存能量而形成高压油,并在压力表中显示出来。

开启放油阀即可卸荷。

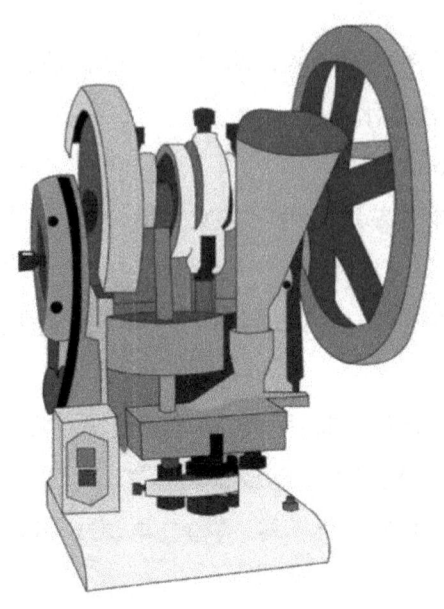

图 3‑26　手动压片机

3. 使用方法

先将注油孔螺钉旋松,顺时针拧紧放油阀,将模具置于工作台的中央,用丝杠拧紧后,前后摇动手动压把,达到所需压力。保压后,逆时针松开放油阀,取下模具即可。

4. 注意事项

(1) 使用前必须先松开注油孔螺钉,压片机才能正常工作。

(2) 定期在丝杠及柱塞泵处加润滑油。

(3) 加压决不允许超过机器的压力范围,否则会发生危险。

(4) 压片机使用清洁的 46 号机油为宜,绝不可用刹车油。

(5) 加压时感觉手动压把有力,但压力表无指示,应立即卸荷检查压力表。

(6) 新机器或较长一段时间没有使用时,在用之前稍紧放油阀,加压到 20~25 MPa 时即卸荷,连续重复 2~3 次,即可正常使用。

(7) 大活塞行程不要超过 20 m。

二、溶出实验仪(RCY-808)

1. 仪器介绍及用途

溶出实验仪(图3-27)用于片剂、胶囊剂及颗粒剂的测定。

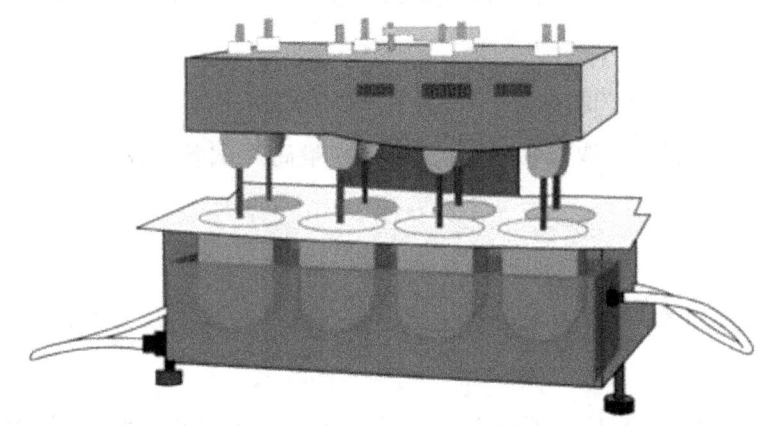

图3-27 溶出实验仪

2. 工作原理

溶出实验仪是一种为溶出度测定法提供微机控制的机电一体化试验设备,主要由电动机、恒温装置、篮体、搅拌桨、溶出杯及杯盖等组成。

3. 使用方法

(1) 抬起机箱,取6个1 000 mL玻璃杯,放在水浴槽前排的6个圆孔中,各倒入规定体积的经脱气处理的溶剂。两个补液杯放在水浴槽后的圆孔中,各用压块压住。

(2) 将6根篮杆或桨杆由下向上插入机箱上孔中,上端露出机箱20 cm左右,若为篮杆则下端装转篮,手指捏住转篮端部,轻轻推入篮杆底部。

(3) 机箱恢复水平位置后,取离合器,套在6根篮杆或桨杆上,下移篮(桨)杆伸入溶出杯中,下移离合器,压住同步齿轮,取测量钩,放在杯底中心,移动篮(桨)杆,使转篮或桨的底部压住测量钩。

(4) 按下仪器底座右侧的电源开关,指示灯亮,选择计时实验,按确认键进入转速和温度设定界面,按数字键设定转速和温度,再按确认键确认进入计时操作界面,按加热和转动键开始加热和搅拌。

(5) 待达到所设定的温度时,投样并同时按下计时键,根据方法要求在不同时间点取样,用取样器套上长弯针头取样并同时补同体积的空白溶出介质到溶出杯中,取出的样立即经 0.8 μm 滤膜滤过(不超过 30 s),按照各药品规定的方法测定。

(6) 实验结束后先关闭加热和转动键,然后再关闭电源开关。关机后,先测定数据,清洗溶出杯、桨杆、取样器、试管、移液管、量筒等试验用仪器,洗干净后放置在指定位置。

4. 注意事项

(1) 在测定过程中,必须保证水位至少高于水槽右端出水口 2 cm 以上,否则禁止开机。

(2) 初次开机时,水位应下降 1 cm。水嘴处有气泡冒出,说明加热箱已有水,否则禁止开机。

(3) 开机后若无数字显示,电源指示灯不亮,应检查保险丝是否烧断,电源电压是否正常。

(4) 开机后若温度数字显示乱跳,可查看测浊线插头与传感器插座连接是否良好。

(5) 不准将温度传感器插入溶出杯溶剂中,以免腐蚀传感器热敏电阻。

(6) 水浴箱中无水时,严禁启动温控状态,否则将损坏加热器。

(7) 应保持水浴箱中水位略高于溶出杯内液面高度,否则将影响实验结果。

(8) 温控状态启动后,若水浴箱中水未循环,应立即检查管路与接嘴是否畅通,水泵内是否有空气,若有空气应予以排除。

(9) 勿使用有机溶剂清洗仪器外壳。

三、崩解时限测定仪(LB-2D)

1. 仪器介绍及用途

崩解时限测定仪(图3-28)是对固体制剂的片剂、糖衣片、薄膜衣片、肠溶衣片、浸膏片和胶囊等药物进行崩解时限实验的仪器,用于检查固体制剂在规定条件下的崩解情况。

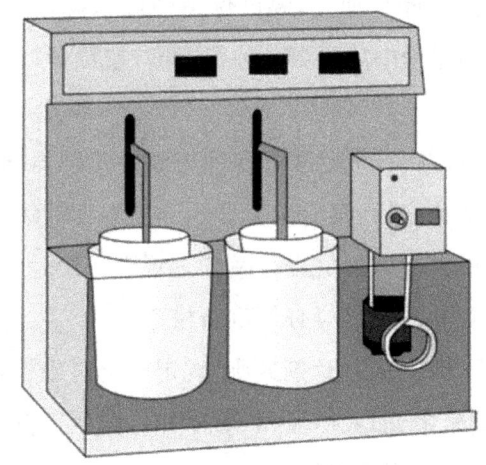

图3-28 崩解时限测定仪

2. 工作原理

LB-2D型崩解时限测定仪是控制固体制剂药物质量的专用实验仪器。采用控温数字显示,具有恒温、精度高的特点。由水箱、烧杯吊篮、传感器及控制面板来进行药物的崩解时限测定。

3. 使用方法

(1) 检查用户当地的电源电压和频率是否与说明书要求相符。如不符,请使用仪器生产公司所配备的转换电源。

(2) 将吊篮悬挂于金属支架上,将盛有水或人工胃液等介质的1 000 mL烧杯放入水箱中,水箱中可盛放略低于35 ℃的温水,再调节水位高度和吊篮的吊杆高度,使吊篮上升时的筛网在水面下15 mm处,下降时距烧杯底25 mm。

(3) 插好温度传感器和温度计,连接好所有插座和插头。

(4) 恒温水浴槽的加热和控温步骤:①将电源开关打开,电源开关灯亮,说明仪器已接通电源。②选择预置温度,进入加热阶段。a) 当电源接通后,温度显示屏上显示水浴槽内实际温度。按温度预置按键"＋"键,进行温度预置,2 s后自动切换至预置状态,显示屏数字开始闪烁。按"＋"和"－"调节至测试所需的温度值。设置好后,按键2 s不被触摸自动切换至实际温度,即温度预置完毕。按"启动"键,加热器开始工作加热,指示灯亮。当实际水温与预置温度达到一致时,显示屏内数字右下角红点闪烁,加热器停止加热,温度保持恒温状态,即水温始终恒定在预置的温度点上。b) 若加热过程中需要更改预置温度,按预置"＋"键,2 s后自动切换至预置状态。操作同上。

(5) 校正温度传感器方法:用标准温度计与温度传感器同置于水箱内,观察一段时间,待两个温度数值稳定后,察看温度显示屏与温度计数值是否一致。若不一致,则可通过仪器后面的温校电位器进行微调。观察一段时间若无变化即可,若仍有偏差,再反复细调。更换传感器时必须重新校正。

(6) 按《中国药典》(2015版)"片剂通则"规定崩解时限检查法为:需药片6片,分别置于吊篮6支玻璃管中,加入挡板(V形槽开口向上),将吊篮悬挂于金属吊臂上,开启"启动"按键,即进入测试工作。

4. 注意事项

(1) 仪器应平置于工作台上,供仪器用的电源插座接地要安全可靠,并检查供电电压是否与本仪器使用电压220 V相同,相同方可使用。

(2) 在使用前检查各接插件是否接插牢固可靠。

(3) 严禁水箱内进行无水加热,并严禁将高于35 ℃的水注入水箱内。

(4) 向水箱内注水时,应避免将水洒到机箱内。

(5) 温度传感器与插座接触应良好,否则控温将不起作用,造成水箱水温过高。

(6) 若要清洗水箱,先将水箱与机箱连接的插头与插座分离,用双手端取水箱,以防水箱曲裂损坏。清洗完毕再将插头插入与箱体联结的插座上并放正水箱即可。

(7) 烧杯、温度计、温度传感器均属易损物件,使用时防止碰撞、冲击。

第十节 其他设备

超声波细胞破碎仪、PCR 仪、电泳仪及超声波清洗仪等是生物学实验室经常要用到的仪器设备,每个学生都应该熟练掌握并能规范使用。

一、超声波细胞破碎仪(JY96 - Ⅱ)

1. 仪器介绍及用途

超声波细胞破碎仪(图 3 - 29)能用于多种动植物细胞、病毒细胞的破碎,同时可用来乳化、分离、匀化、提取、消泡、清洗及加速化学反应等。

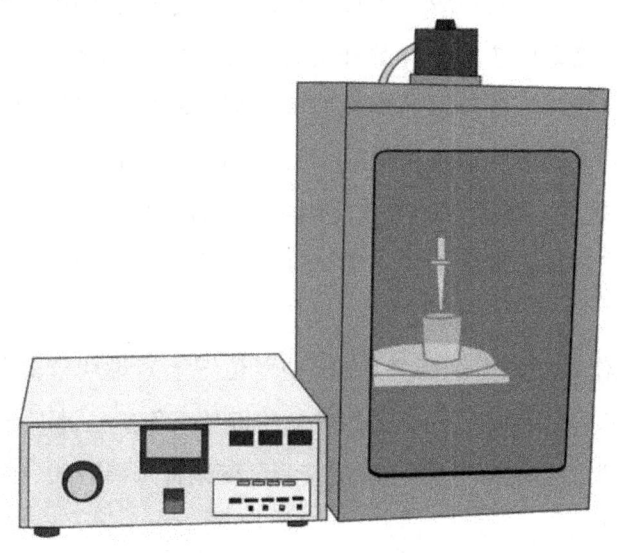

图 3 - 29 超声波细胞破碎仪

2. 工作原理

超声波细胞破碎仪的工作原理并不太复杂。简单说就是将电能通过换能器转换为声能,这种能量通过液体介质而变成一个个密集的小气泡,这些小气泡迅速炸裂,产生像小炸弹一样的能量,从而起到破碎细胞等物质的作用。

3. 使用方法

(1) 用专用的电源线联接发生器背面的电源输入接口及市电(220 V,50 Hz),把换能器组件的信号输入接头与发生器的信号输出换能器接口联接,即完成了本仪器的安装。发生器正面右下的功率调节旋钮用来调节本仪器的输出功率大小,输出功率由功率表显示。间隙时间、超声时间由脉冲调节旋钮来调节,总工作时间由置数拨码开关来设置。设置好后,按工作复位键进入超声工作。

(2) 按样品量的多少选择适当的容器(试管或各种烧杯及离心管),固定或安放好后,调节振动系统位置,使变幅杆末端插入样品液面 10~15 mm 并使其在容器的中心位置,不得让变幅杆与容器相接触。变幅杆末端离容器一般应大于 30 mm。量少时且功率开得较小的情况下可小于 30 mm。

(3) 将功率调节旋钮向逆时针方向转至最小位置,工作时间、超声时间、间隙时间调至所需的合适时间(一般工作时间不宜开得过长,且间隙时间应大于工作时间)。上述准备就绪即可按电源开关开机,开机后电源指示灯亮,再按一次保护复位按钮及工作复位按钮,待设定的间隙时间过后,即进入振荡状态,显示屏开始显示工作时间,将功率调节旋钮慢慢向顺时针方向转动,调至所需的功率位置上,以达到理想的工作效果。待设定的工作时间过后,时间显示窗显示所设定的总时间。仪器处于停振状态,如需重复上述实验,可再按工作复位键,如不需要重复,应关机切断电源。

(4) 如在工作时保护指示灯亮(在保护复位键上),说明仪器的功率开得太大而进入保护状态。减少功率,按一次保护复位键及工作复位键即开始工作。

(5) 调换探头时,按探头的规格,相应调节变幅杆选择开关(在机箱背面)。

4. 注意事项

(1) 严禁在变幅杆未插入液体内(空载)时开机,否则会损坏换能器或超声波发生器。

(2) 换能器在支架上要固定牢靠,防止从立柱上突然下滑,变幅杆末端切勿碰撞,防止变形或损伤。

(3) 对各种细胞量的多少、时间长短、功率大小,有待用户根据各种不同介质摸索确定,选取最佳值。

(4) 使用一段时间后变幅杆末端会被空化腐蚀而发毛,可用油石或细什景锉刀锉平,否则会影响工作效果。

(5) 功率表显示的数值与电压、变幅杆插入液面深度及负载(被破碎样品的浓度、稠度)有关,电源电压低于 220 V,变幅杆插入液面深,负载浓度太浓,显示数值稍小,反之稍高。此数据为模拟参数,它的大小不影响超声波发射的实际功率。

(6) 本机不需预热,使用时应有良好的接地。

(7) 在超声破碎时,由于超声波在液体中起空化效应,使液体温度很快升高,用户对各种细胞的温度要多加注意。建议采用短时间(每次不超过 5 s)的多次破碎,同时可外加冰浴冷却。

(8) 本机采用无工频变压器的开关电源,在打开发生器机壳后切勿乱摸,以防触电。本仪器性能可靠,一般不易损坏。

(9) 本机安放在干燥处,不可放置于潮湿、高温、灰尘较多及有腐蚀性气体等地方。

(10) 实验表明,短时间的多次工作比连续长时间工作的效果要好。为防止液体发热,可设定较长的间隙时间。另外,不间断长时间工作容易形成空载,缩短仪器的使用寿命。

二、PCR 仪

1. 仪器介绍及用途

PCR 仪(图 3-30)的应用范围广泛,几乎所有的生命科学领域都要涉及,如食品检测、临床检验、疾病控制、检验检疫、实验室科研、食品安全、化妆品检测、环境卫生等。

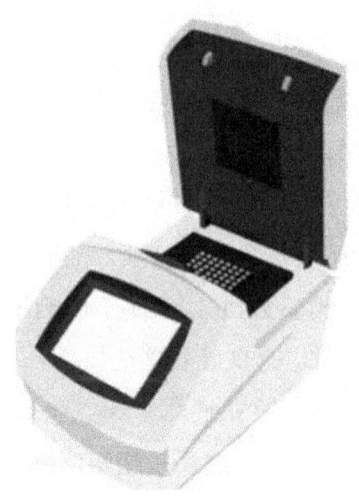

图 3-30 PCR 仪

2. 工作原理

利用升温使 DNA 变性,在聚合酶的作用下使单链复制成双链,进而达到基因复制的目的。

3. 使用方法

(1) 开机:打开开关,视窗上显示"SELF TEST",显示 10 s 后,显示 RUN-ENTER 菜单, $\boxed{\begin{array}{l}-\text{RUN}\quad\text{ENTER}\\ \text{PROGRAM PROGRAM}\end{array}}$,准备执行程序。

(2) 放入样本管,关紧盖子。

(3) 如果要运行已经编好的程序,则直接按"Proceed",用箭头键选择已储存的程序,按"Proceed",则屏幕显示: $\boxed{\begin{array}{l}-\text{ENABLE DISABLE}\\ \text{HEATED}\quad\text{LID}\end{array}}$,按"Proceed"选择 ENABLE,则开始执行程序。

(4) 如果要输入新的程序,则在 RUN-ENTER 菜单上用箭头键选择 ENTER PROGRAM,按"Proceed",屏幕显示 $\boxed{\begin{array}{l}-\text{NEW LIST}\\ \text{EDIT DELET}\end{array}}$,按"Proceed"。① 选择

NEW,命名新的程序,最多 8 个字母,输入后按"Proceed"确认。②输入程序步骤:名字输入后,显示 `STEP1　_TEMP / GOTO OPITON END`,按"Proceed"则可以输入温度(0～100 ℃),按"Proceed"确认后,则可以输入孵育时间,用"Select"键移动光标,输入数字,完成后按"Proceed"确认,跳到下一步,输入方式同上。③选择 GOTO,输入循环步骤时链接到第几步(循环数最多可达 9 999 次)(为实际循环数－1)。④选择 option,显示 `STEP　EXTEND / INCREMENT SLOPE` 再选择 INCREMENT,按"Proceed"确认,输入初始的温度,确认后输入时间,按"Proceed"确认,然后输入每个循环增加或减少的温度,增加用正值,减少用负值(－0.1～6 ℃),按"Proceed"确认。选择 EXTEND,按"Proceed"确认,输入每个循环增加或减少的时间(－60～60 s),按"Proceed"确认。选择 SLOPE(指温度上升或下降的速率),输入温度的改变值(－0.1～1.5 ℃)按"Proceed"确认,然后输入加热或制冷的速度,按"Proceed"确认。选择 END,输入结束步骤。

(5) 输入完成的程序后,到 RUN－ENTER 菜单,选择新程序,开始运行。

(6) 其他:用"Pause"可以暂停一个运行的程序,再按一次继续程序。用"Stop"或"Cancel"可停止运行的程序。

4. 注意事项

PCR 检测微量感染因子时,容易因为污染而导致各种问题。因此,进行 PCR 操作时,操作人员应该严格遵守一些操作规程,最大限度地降低可能出现的 PCR 污染或杜绝污染的出现。

(1) 划分操作区:目前,普通 PCR 尚不能做到单人单管,实现完全闭管操作,但无论是否能够达到单人单管,均要求实验操作在三个不同的区域内进行,PCR 的前处理和后处理要在不同的隔离区内进行:①标本处理区;②PCR 扩增区;③产物分析区。凝胶电泳分析,各工作区要有一定的隔离,操作器材专用,要有一定的方向性。如标本制备→PCR 扩增→产物分析→产物处理。

切记:产物分析区的产物及器材不要拿到其他两个工作区。

（2）分装试剂：PCR 扩增所需要的试剂均应在装有紫外灯的超净工作台或负压工作台配制和分装。所有的加样器和吸头需固定放于其中，不能用来吸取扩增后的 DNA 和其他来源的 DNA。

①PCR 用水应为高压的双蒸水。

②引物和 dNTP 用高压的双蒸水在无 PCR 扩增产物区配制。

③引物和 dNTP 应分装储存，分装时应标明时间，以备发生污染时查找原因。

（3）实验操作注意事项：尽管扩增序列的残留污染大部分是假阳性反应的原因，样品间的交叉污染也是原因之一。因此，不仅要在进行扩增反应时谨慎认真，在样品的收集、抽提和扩增的所有环节都应该注意。

①戴一次性手套，若不小心溅上反应液，立即更换手套。

②使用一次性吸头，严禁与 PCR 产物分析室的吸头混用，吸头不要长时间暴露于空气中，避免气溶胶的污染。

③避免反应液飞溅，打开反应管时为避免此种情况，开盖前稍离心收集液体于管底。若不小心溅到手套或桌面上，应立刻更换手套并用稀酸擦拭桌面。

④操作多份样品时，制备反应混合液，先将 dNTP、缓冲液、引物和酶混合好，然后分装，这样既可以减少操作，避免污染，又可以增加反应的精确度。

⑤最后加入反应模板，加入后盖紧反应管。

⑥操作时设立阴阳性对照和空白对照，即可验证 PCR 反应的可靠性，又可以协助判断扩增系统的可信性。

⑦尽可能用可替换或可高压处理的加样器，由于加样器最容易受产物气溶胶或标本 DNA 的污染，最好使用可替换或高压处理的加样器。如没有这种特殊的加样器，至少 PCR 操作过程中加样器应该专用，不能交叉使用，尤其是 PCR 产物分析所用加样器不能拿到其他两个区。

三、电泳仪

1. 仪器介绍及用途

电泳仪（图 3-31）主要用途是分离、鉴定，也可以纯化。

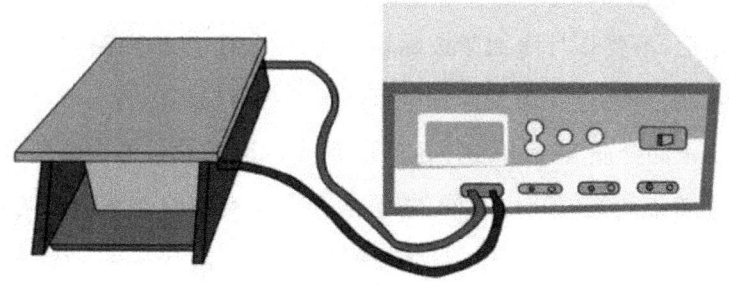

图 3-31 电泳仪

2. 工作原理

区带电泳需用各种类型的物质作为支持物,常用的支持物有滤纸、醋酸纤维薄膜、非凝胶性支持物、凝胶性支持物及硅胶-G 薄层等。分子生物学领域中最常用的是琼脂糖凝胶电泳。所谓电泳,是指带电粒子在电场中的运动,不同物质由于所带电荷及相对分子质量的不同,因此在电场中运动速度不同。根据这一特征,应用电泳法便可以对不同物质进行定性或定量分析,或将一定混合物进行组分分析或单个组分提取制备,这在临床检验或实验研究中具有极其重要的意义。电泳仪正是基于上述工作原理设计制造的,依据分子或颗粒所带的电荷、形状和大小等不同,因而在电场介质中移动的速度不同,从而达到分离的目的。

3. 使用方法

(1) 首先用导线将电泳槽的两个电极与电泳仪的直流输出端连接,注意极性不要接反。

(2) 电泳仪电源开关调至关的位置,电压旋钮转到最小,根据工作需要选择稳压稳流方式及电压电流范围。

(3) 接通电源,缓缓旋转电压调节钮直到达到所需电压为止,设定电泳终止时间,此时电泳即开始进行。

(4) 工作完毕后,应将各旋钮、开关旋至零位或关闭状态,并拔出电泳插头。

4. 注意事项

(1) 电泳仪通电进入工作状态后,禁止人体接触电极、电泳物及其他可能带电部分,也不能到电泳槽内取放东西,如需要应先断电,以免触电。同时要求仪器必须有良好接地端,以防漏电。

(2) 通电后,不要临时增加或拔除输出导线插头,以防短路现象发生,虽然仪器内部附设有保险丝,但短路现象仍有可能导致仪器损坏。

(3) 由于不同介质支持物的电阻值不同,电泳时所通过的电流量也不同,其泳动速度及泳至终点所需时间也不同,故不同介质支持物的电泳不要同时在同一电泳仪上进行。

(4) 在总电流不超过仪器额定电流时(最大电流范围),可以多槽关联使用。但要注意不能超载,否则影响仪器寿命。

(5) 某些特殊情况下需检查仪器电泳输入情况时,允许在稳压状态下空载开机。但在稳流状态下必须先接好负载再开机,否则电压表指针将大幅度跳动,容易造成不必要的人为机器损坏。

(6) 使用过程中发现异常现象,如较大噪音、放电或异常气味,须立即切断电源,进行检修,以免发生意外事故。

四、垂直电泳槽

1. 仪器介绍及用途

垂直电泳槽(图 3-32)应用于生物学研究中,如对核酸、蛋白样品的分离、纯化、制备等,同时适用于核酸电泳。

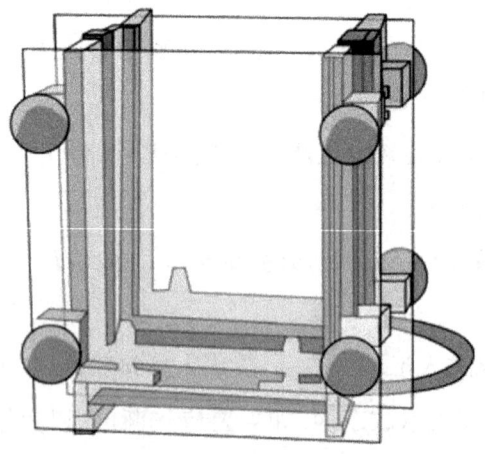

图 3-32 垂直电泳槽

2. 工作原理

电泳是电泳涂料在施加于阴阳两极的电压的作用下,带电荷的涂料离子移动到阴极,并与阴极表面所产生的碱性物质作用形成不溶解物,沉积于工件表面。

3. 使用方法

(1) 将凝胶密封条框放在平板上,然后将凹型玻璃板与平板玻璃重叠。

(2) 将两块玻璃立起来使其底端接触桌面,用手将两块玻璃板夹住放入电泳槽内,然后插入斜楔板(直面对玻璃,斜面对槽)到适中程度,即可灌胶。

(3) 凝胶凝结后,轻轻取下梳子。

(4) 用手夹住两块玻璃板,上提斜楔板,使其松开,然后取下玻璃胶室,去掉凝胶密封框,注意在上述过程中手始终给玻璃胶室一个压紧力,再将玻璃胶室凹面朝里置入电泳槽,插入斜楔板,将缓冲液加至内槽玻璃凹口以上,外槽缓冲液加到距玻璃上沿 3 mm 处即可电泳,注意避免在胶室下端出现气泡。

(5) 加样时可用加样器斜靠在提手边缘的凹槽内,以准确定位加样位置。盖好上盖,在电压 150 V 以下进行电泳分离,根据指示剂位置确定电泳时间。电泳结束后,关掉电源,按住本体提手,打开上盖,拔掉固定板,取出玻璃板,用刀片或薄板轻轻将玻璃夹层分开。本电泳槽同时可进行双板电泳,如果只跑一块胶时,需要在另外一侧用单胶替代板代替玻璃。

4. 注意事项

(1) 安装阳极电解池和阳极,装配前必须用去离子水将电解池和阳极洗干净。

(2) 在装配后必须向阳极池中灌注部分去离子水,这样能防止它们上浮,也有助于电泳槽装槽时的压力平衡。

(3) 当涂料供应商验证槽子已经干净后,可以按照它的说明书装槽。去离子水、树脂、乳液、溶剂、酸和颜料的加入量都有说明。

(4) 在装槽后,可以开动超滤器,要按照超滤器供应商的说明书上的程序来启动超滤器。

(5) 在其他工序洗干净和调整好 pH 后,也可以用去离子水装槽,同时注入涂料供应商指定的溶剂,这样所配制的液体是将作为水洗用的超滤液液体。

五、超声波清洗仪

1. 仪器介绍及用途

超声波清洗仪(图3-33)在生化、物理、化学、医学、科研及大专院校的实验中可作提取、乳化、脱气、湿匀、细胞粉碎之用。

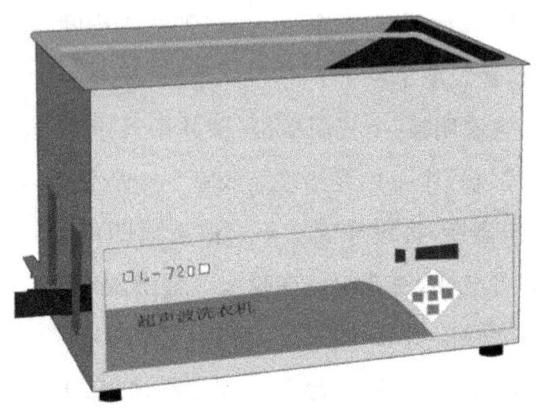

图3-33　超声波清洗仪

2. 工作原理

超声波清洗设备是利用超声波在液体中的空化作用、加速度作用及直进流作用对液体和污物直接、间接的作用,使污物层被分散、乳化、剥离而达到清洗目的。目前所用的超声波清洗机中,空化作用和直进流作用应用得更多。

3. 使用方法

(1) 将清洗机放置于靠近水源及排水通畅之处,保证机器底座之下清洁与干燥,避免潮气侵蚀换能器及加热器件。

(2) 将超声波发生器设置于较为干燥通风且安全之处,避免粉尘、潮气及清洗液水蒸气等侵蚀内置电子线路板。

(3) 将清洗机电源和发生器电源按要求接好,机体及发生器必须分别可靠接地。

(4) 首先检查电源电压是否符合要求,然后用湿布把缸内擦干,关好水阀。

(5) 在清洗槽内注入适量的清洗液,液高加至离缸面50～80 mm为宜。

(6) 按照清洗工艺要求将温度控制器设置于所需温度,以达到清洗工艺要求。

(7) 加入适量(按不同清洗液与清洗缸容积比例)清洗剂,待达到所需温度时(加热指示灯熄灭)开启超声波发生器开关,即可开始清洗作业。

(8) 当清洗液经过使用后变脏需换液时,必须先关掉温控开关及加热电源,等待 4~5 min,加热器件充分冷却至一定温度时方可开始放液换液,否则极易引起缸体变形及电热器件烧毁及漏电。

(9) 定期清理清洗缸底,长期不用时应保持机器洁净无液、无污垢。

4. 注意事项

(1) 超声波清洗机电源及电热器电源必须有良好接地装置。

(2) 超声波清洗机严禁在槽中没有水或溶剂时启动,造成空振、振动头报废或损坏。

(3) 有加热系统的清洗设备严禁无液时打开加热开关。

(4) 禁止用重物(铁件)撞击清洗缸缸底,以免能量转换器晶片受损。

(5) 超声波发生器电源应单独使用 220 V/50 Hz 电源并配装 2 000 W 以上稳压器。

(6) 清洗缸缸底要定期冲洗,不得有过多的杂物或污垢。

(7) 清洗操作过程中请勿将手指放入清洗槽中,否则会感到刺痛或者不适。

(8) 每次换新液时,待超声波启动后方可洗件。

(9) 采用清水或水溶液作为清洗剂,绝对禁止使用酒精、汽油或任何可燃气体作为清洗剂加入清洗机中,以免造成失火、爆炸。

(10) 要使超声波清洗效果达到最佳,超声波清洗槽的温度最好为 30~50 ℃,根据不同的清洗对象正确选择清洗剂。清洗剂一般分为水基(碱性)清洗剂、有机溶剂清洗剂和化学反应清洗剂。通常使用最多的为水基清洗剂,根据被清洗物的污染程度和污垢性质选用不同的清洗时间。

六、磁力搅拌器

1. 仪器介绍

磁力搅拌器(图 3-34)是用于液体混合的实验室仪器,主要用于搅拌或同时加热搅拌低黏稠度的液体或固液混合物。

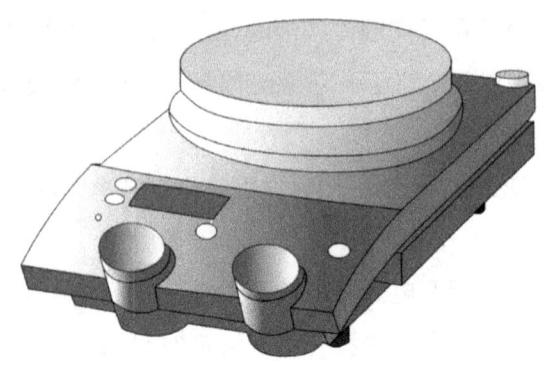

图 3-34 磁力搅拌器

2. 工作原理

其基本原理是利用磁场的同性相斥、异性相吸的原理,利用磁场推动放置在容器中带磁性的搅拌子进行圆周运转,从而达到搅拌液体的目的。配合加热温度控制系统,可以根据具体的实验要求加热并控制样本温度,维持实验条件所需的温度,保证液体混合达到实验需求。一般情况下,磁力搅拌器具有搅拌、加热两个作用。搅拌使反应物混合均匀,使温度均匀。加热是在一个密闭的容器中加热,需要防止暴沸,可以加入沸石,也可以用磁力搅拌器。

3. 使用方法

(1) 首先请检查随机配件是否齐全,然后装好夹具,把烧杯放在正中,加入溶液,放入搅拌子。

(2) 接通电源。

(3) 开电源开关。

(4) 调节调速旋钮,由慢至快调节到所需速度,不允许高速挡启动,以免搅拌子因不可同步而跳子。

(5) 需加热时,开加热开关,调节加热温度。

(6) 需控温时,将温度传感器插头插入仪器后板插座内,传感器探头插入实验溶液中,调准温控仪的设定温度即进入温度自动控制工作状态。

4. 注意事项

(1) 搅拌时发现搅拌子跳动或不搅拌时,请切断电源检查一下烧杯底是否平,位置是否正,同时测一下现用的电压是否在(220±10)V 之间。

(2) 加热时间一般不宜过长,间歇使用延长寿命,不搅拌时不加热。

(3) 中速运转可连续工作 8 h,高速运转可连续工作 4 h,工作时防止剧烈震动。

(4) 电源插座应采用三孔安全插座,必须妥善接地。

(5) 仪器应保持清洁干燥,严禁溶液流入机内,以免损坏机器,不工作时应切断电源。

七、超净工作台

1. 仪器介绍

超净工作台(图 3-35)是一种提供局部高洁净工作环境、通用性较强的净化设备。在教学、医药卫生、电子、生物工程、科学实验等方面应用广泛,是微生物学、组织培养、分子生物学实验常用仪器之一。

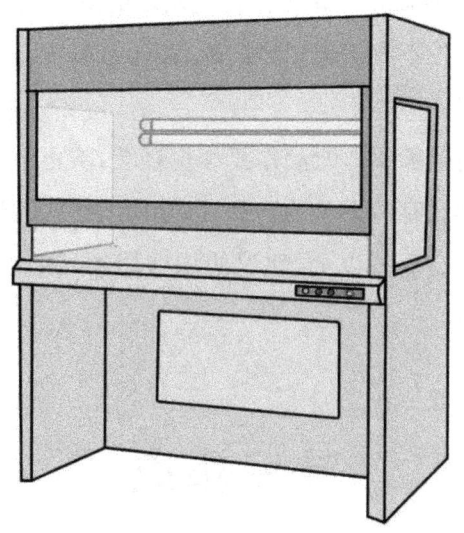

图 3-35 超净工作台

2. 工作原理

空气经顶部的初效空气过滤器和低噪音离心式通风机压入静压箱,经高效空气过滤器在上侧部均匀吹出,形成高洁净度的垂直气幕,去除工作区域内的原自然风空气,开机 5 min 即达到理想的高洁净度空间。采用可调风机双速调节风量大小,保证工作区内的风速始终处于理想状态。

3. 使用方法

(1) 确认超净工作台内无异物。

(2) 用 75% 酒精擦拭台面,禁止用 75% 酒精擦拭有机玻璃隔离板。

(3) 按下总电源开关,打开紫外线灯开关,使其照明 40 min 后,关闭紫外线灯开关。

(4) 按下照明灯开关,照明灯亮后,按下风机运行按钮,风机即开始正常运行。

(5) 向上拉开有机玻璃隔离板,依次放入经灭菌的实验用具、培养基及备检药品后拉下有机玻璃隔离板,再开始进行相关的实验。

(6) 实验结束后拉开有机玻璃隔离板,取出相关物品,按下风机停止按钮,风机停止运行。

(7) 用 75% 酒精认真做好净化工作台使用后的清洁工作。

(8) 关闭照明灯后拉下有机玻璃隔离板,关闭总电源。

4. 注意事项

(1) 工作台内进行实验操作时动作要尽量轻缓,防止破坏工作台环境。

(2) 工作台面上禁止存放无关的物品,以保持工作区的洁净气流不受干扰。

(3) 未使用此工作台 1 月以上,建议使用前用丝光毛巾或不产生纤维脱落的物品认真进行清洁工作。

本章重点

对化学、生物及制药类专业常用实验仪器设备进行了具体介绍,要求学生必须掌握以下基本技能:(1)掌握常用仪器设备的名称、用途,能根据具体的实验内容选择合适的仪器设备;(2)掌握常用设备的使用方法;(3)掌握设备在使用过程中的注意事项。通过以上仪器设备的学习使用,使学生能正确使用仪器,为今后的实验打好基础。

第四章
基础实验技能综合训练

为了进一步强化和运用前几章所学的知识,使学生能更好地熟悉实验室的各项规章制度与行为规范,能正确使用实验室的常用仪器设备、实验用品用具,系统掌握基本的实验操作技能,本章精心设计了若干个基础综合实验,内容涵盖了无机化学、分析化学、有机化学、生物化学、细胞生物学、微生物学及制药学等多门学科基础实验课中带有共性的基本实验操作技能。

第一节 综合实验一 溶液的配制

本节主要介绍了在化学、生物及制药类等实验中化学试剂的配制,包括一定物质的量浓度的试剂的配制、浓溶液的稀释和一定质量分数的化学试剂的配制等内容。通过本节内容的学习,使学生掌握溶解配制过程中相关的操作,为后续的学习和科研打下坚实的基础。

一、实验原理及用途

在实验中,化学药品和溶剂(一般是水)配制成实验所需要浓度的溶液的过程就叫做配制溶液。一般配制药品主要有三种情况：(1) 一定物质的量浓度的药品配制，根据公式 $c=n/V(\mathrm{mol/L})$ 来进行计算，并配制成所需浓度。(2) 高浓度的溶液向低浓度溶液稀释，根据稀释前后溶质的量相等原则得公式：$c_1V_1=c_2V_2$，其中，c_1 为稀释前的浓度，V_1 为稀释前体积，c_2 为稀释后的浓度，V_2 为稀释后体积。(3) 一定质量浓度的溶液配制，根据稀释前后溶质质量相等原理得公式：$w_1\rho_1V_1=w_2\rho_2V_2$，其中，$w_1$ 为稀释后质量分数；ρ_1 为稀释后密度；V_1 为稀释后溶液体积；w_2 为稀释前质量分数；ρ_2 为稀释前密度；V_2 为稀释前溶液体积。

溶液的配制是实验成败的关键，通过溶液的配制实验，学生掌握基本的技能操作。

二、实验器材

150 mL 锥形瓶、多种规格移液管（干燥，附洗耳球）、烧杯（100 mL、250 mL、500 mL）、量筒（10 mL、25 mL、50 mL、100 mL）、加热器、橡胶塞、温度计、布氏漏斗、表面皿、药匙、滤纸、托盘天平、电子天平、容量瓶（100 mL、250 mL）、烘箱、胶头滴管、标签纸。

三、实验药品

氯化钠固体、18.4 mol/L 浓硫酸、氢氧化钠、考马斯亮蓝 G-250、95％乙醇、蒸馏水（去离子水）等。

四、实验内容

（一）基本步骤

(1) 计算所需固体物质的质量、所需液体物质的体积。

(2) 称量：固体用托盘天平或电子天平称取，液体用量程合适的量筒量取。

(3) 溶解(用玻璃棒搅拌)、稀释(浓硫酸入水)。

(4) **移液**:把烧杯液体引流入容量瓶(用玻璃棒引流)。洗涤烧杯和玻璃棒2~3次,洗涤液一并移入容量瓶,振荡摇匀。

(5) **定容**:向容量瓶中注入蒸馏水至距离刻度线2~3 cm处改用胶头滴管滴蒸馏水至溶液凹液面与刻度线正好相切(要求平视)。

(6) 盖好瓶塞,反复上下颠倒,摇匀。

(7) **装瓶**:把配制好的溶液装入指定的试剂瓶中并贴上标签。

(二) 具体步骤

示例1:氯化钠溶液配制实验步骤	注意事项及解释
1. 计算 计算配制100 mL 1 mol/L NaCl溶液需用NaCl固体的质量	计算过程及结果: $n(NaCl) = c \times V = 1 \text{ mol/L} \times 0.1 \text{ L}$ $\qquad\qquad = 0.1 \text{ mol}$ $m(NaCl) = n \times M = 0.1 \text{ mol} \times 58.5 \text{ g/mol}$ $\qquad\qquad = 5.85 \text{ g}$
2. 称量 用托盘天平称量NaCl固体的质量为5.9 g 若采用电子天平称量NaCl固体,直接称量5.85 g	用托盘天平称量所需NaCl固体的质量为5.9 g,使用托盘天平称量前先把托盘天平的指针调零,称量时右盘放砝码,左盘放物质(NaCl)。也可用百分之一电子天平称量所需NaCl固体的质量为5.9 g,使用电子天平称量前先调零,称量时垫一张称量纸再进行称量。 要用干净的药匙取用。用过的药匙必须洗净和擦干后才能再使用,以免沾污试剂。称量固体试剂时,必须注意不要取多,取多的药品不能倒回原瓶
3. 溶解、稀释 将称好的NaCl固体放入烧杯中,加40 mL蒸馏水,用玻璃棒搅拌,使NaCl固体全部溶解	玻璃棒的作用:搅拌,加快溶解,引流 现象:固体NaCl逐渐减少,最后完全溶解

续表

4. 移液 待溶液冷却至室温,将烧杯中的溶液沿玻璃棒转移入容量瓶,并用少量蒸馏水洗涤烧杯内壁2~3次,并将洗涤液也全部转移到容量瓶,轻轻晃动容量瓶,使之混合均匀	(1) 在使用容量瓶前应先检查其装置是否漏水; (2) 用蒸馏水洗涤烧杯并将洗涤液注入容量瓶,目的是使沾在烧杯壁的溶质完全转移到容量瓶中,否则所配制的溶液浓度会偏小; (3) 实验前容量瓶内有少量蒸馏水,对实验结果无影响; (4) 玻璃棒的作用是引流
5. 定容 将蒸馏水注入容量瓶,直到液面离容量瓶瓶颈刻度线下1~2 cm时,改用胶头滴管加蒸馏水,使溶液的凹液面最低处和刻度线相切	—
6. 摇匀 盖好瓶塞,反复上下颠倒15次左右,摇匀	摇匀后,发现液面低于刻度线,不能继续加水至刻度线,如果再加水会使溶液体积偏大,从而使溶液的浓度偏小
7. 装瓶 把配制好的溶液装入指定的试剂瓶中并贴上标签	—
示例2:稀硫酸溶液配制实验步骤	注意事项及解释
1. 计算 计算配制250 mL 1 mol/L H_2SO_4 溶液需量取浓 H_2SO_4 溶液的体积	计算过程及结果: $n_1(18.4 \text{ mol/L } H_2SO_4) = n_2(1 \text{ mol/L } H_2SO_4)$ $n(H_2SO_4) = c \times V$ $n_1(18.4 \text{ mol/L } H_2SO_4) = c_1 \times V_1$ $n_2(1 \text{ mol/L } H_2SO_4) = c_2 \times V_2$ $\qquad = 1 \text{ mol/L} \times 0.25 \text{ L}$ $\qquad = 0.25 \text{ mol}$ $V_1 = n_1 \div c_1 = 0.25 \text{ mol} \div 18.4 \text{ mol/L}$ $\qquad = 0.013\ 6 \text{ L} = 13.6 \text{ mL}$

续表

2. 称量 用洗净晾干的 25 mL 量筒量取 13.6 mL 浓硫酸	不能将硫酸倒入湿的量筒,会导致液体飞溅和蒸腾。浓硫酸也不能用量筒稀释
3. 溶解、稀释 将浓硫酸沿烧杯壁缓缓倒入水中,此过程中不断用玻璃棒进行搅拌来散热	玻璃棒的作用:搅拌、散热、引流;现象:硫酸溶液大量放热,烧杯壁温度增高
4. 移液 待溶液冷却至室温,将烧杯中的溶液沿玻璃棒转移入容量瓶,并用少量蒸馏水洗涤烧杯内壁 2~3 次,并将洗涤液也全部转移到容量瓶,轻轻晃动容量瓶,使之混合均匀	同示例 1 中步骤 4
5. 定容 将蒸馏水注入容量瓶,直到液面离容量瓶瓶颈刻度线下 1~2 cm 时,改用胶头滴管加蒸馏水,使溶液的凹液面最低处和刻度线相切	—
6. 摇匀 盖好瓶塞,反复上下颠倒,摇匀	同示例 1 中步骤 6
7. 装瓶 把配制好的溶液装入指定的试剂瓶中并贴上标签	—
示例 3:5%过氧化氢溶液配制实验步骤	注意事项及解释
1. 计算 计算配制 100 mL 5%的过氧化氢溶液需要 30%过氧化氢溶液的体积	根据稀释前后溶质质量相等原理得公式: $w_1 \rho_1 V_1 = w_2 \rho_2 V_2$ $30\% \times 1.1 \text{ g/cm}^3 \times V_1 = 5\% \times 1.0 \text{ g/cm}^3 \times 100 \text{ mL}$ 计算得 V_1 约为 15.2 mL 查阅资料得:30%过氧化氢密度为 1.1 g/cm³,5%过氧化氢密度约为 1.0 g/cm³

续表

2. 量取 用洗净晾干的 25 mL 量筒量取 15.2 mL 30%过氧化氢	量筒的液面较大,观察和调定液面时,量筒应与水平面垂直,否则带来很大误差 量筒使用前先用 30%的过氧化氢润洗
3. 稀释 将 30%过氧化氢沿烧杯壁缓缓倒入烧杯中。此过程中应用玻璃棒引流。之后加入约 30 mL 的蒸馏水,同样使用玻璃棒引流,摇匀	玻璃棒的作用为引流
4. 移液 待溶液冷却至室温,将烧杯中的溶液沿玻璃棒转移入容量瓶,并用少量蒸馏水洗涤烧杯内壁 2～3 次,并将洗涤液也全部转移到容量瓶,轻轻晃动容量瓶,使之混合均匀	同示例 1 中步骤 4
5. 定容 将蒸馏水注入 100 mL 容量瓶中,直到液面离容量瓶瓶颈刻度线下 1～2 cm 时,改用胶头滴管加蒸馏水,使溶液的凹液面最低处和刻度线相切	—
6. 摇匀 盖好瓶塞,反复上下颠倒,摇匀	同示例 1 中步骤 6
7. 装瓶 把配制好的溶液装入指定的试剂瓶中并贴上标签	—
示例 4:0.1 mg/mL 考马斯亮蓝 G - 250 染液的配制实验步骤	注意事项及解释
1. 计算 计算 500 mL 0.1 mg/mL 考马斯亮蓝 G - 250 所需的考马斯亮蓝的质量	计算结果:需 50 mg 考马斯亮蓝

续表

2. 称量 用分析天平称取 50 mg 考马斯亮蓝 G-250	使用电子天平称量前先调整天平的平衡,称量时垫一张称量纸,然后去皮,再进行称量
3. 溶解 将上述考马斯亮蓝置于干净烧杯中加入 25 mL 95% 的乙醇使其溶解,并加入 85% 的磷酸 50 mL	在溶解考马斯亮蓝时,需先将其溶解到乙醇中,用玻璃棒搅拌,充分溶解后,方可加入磷酸
4. 转移 将烧杯中的溶液缓缓移入 500 mL 的容量瓶中,并用少量蒸馏水洗涤烧杯内壁 2~3 次,并将洗涤液也全部转移到容量瓶,轻轻晃动容量瓶,使之混合均匀	此溶液在常温下可放置一个月
5. 定容 将蒸馏水注入容量瓶,直到液面离容量瓶瓶颈刻度线下 1~2 cm 时,改用胶头滴管加蒸馏水,使溶液的凹液面最低处和刻度线相切	—
6. 摇匀 盖好瓶塞,反复上下颠倒,摇匀	同示例 1 中步骤 6
7. 装瓶 把配制好的溶液装入指定的试剂瓶中并贴上标签	—

五、注意事项

(一)溶液配制

1. 分析实验所用的溶液应用 GB/T6682 中规定的三级水配制,容器应用去离子水洗涤三次。特殊要求的溶液应事先做空白值检验。

2. 溶液要用带塞的试剂瓶盛装,见光易分解的溶液要装于棕色瓶中,挥发性试剂瓶塞要严密,见空气易变质及放出腐蚀性气体的溶液也要盖紧,必要时用蜡封住。浓碱液应用塑料瓶盛装。

3. 每瓶试剂必须有标明名称、规格、浓度和配制日期的标签。

4. 配制硫酸、磷酸、硝酸、盐酸等溶液,都必须将酸倒入水中。配制时不可在试剂瓶中进行配制。

5. 用有机溶剂配制溶液时,有时有机物溶解较慢,应不时搅拌,可以在热水浴中温热搅拌,不可直接加热,必须避免火源。

6. 不可用手接触带腐蚀性或剧毒的溶液。剧毒废液必须经解毒处理,不可直接倒入下水道。

7. 一般溶液保存时间不可超过 6 个月,如果试剂发生浑浊变质,就必须废弃,不得使用。

(二) 容量瓶使用细则

1. 配制一定物质的量浓度的溶液是将一定质量或体积的溶质按所配溶液的体积在选定的容量瓶中定容,因而不需要计算水的用量。

2. 不能配制任意体积的一定物质的量浓度的溶液。这是因为在配制的过程中是用容量瓶来定容的,而容量瓶的规格又是有限的,常用的有 50 mL、100 mL、250 mL、500 mL 和 1 000 mL 等。所以只能配制体积与容量瓶容积相同的一定物质的量浓度的溶液。

3. 在配制一定物质的量浓度的溶液时,不能直接将溶质放入容量瓶中进行溶解,而先要在烧杯中溶解,待烧杯中溶液的温度恢复到室温时,才能将溶液转移到容量瓶中。这是因为容量瓶的容积是在 20 ℃时标定的,而绝大多数物质溶解时都会伴着吸热或放热过程的发生,引起温度的升降,从而影响到溶液的体积,使所配制的溶液的物质的量浓度不准确。

4. 定容后的容量瓶在反复颠倒、振荡后,会出现容量瓶中的液面低于容量瓶刻度线的情况,这时不能再向容量瓶中加入蒸馏水。这是因为容量瓶是属于"容纳量"式的玻璃仪器(指注入量器的液体的体积等于容器刻度所示的体积)。用滴管定容到溶液的凹面与容量瓶的刻度线相切时,液体的体积恰好为容量瓶的标定容积。将容量瓶反复颠倒、振荡后,出现容量瓶中的液面低于容量瓶刻度线的情况,主要是部分溶液润湿容量瓶磨口时有所损失造成的。

5. 如果加水定容时超过了刻度线,不能将超出部分再吸走,必须重新配制。

(三) 天平使用细则

1. 分析天平的使用

(1) 在开关门放取称量物时,动作必须轻缓,切不可用力过猛或过快,以免造成天平损坏。

(2) 对于过热或过冷的称量物,应使其回到室温后方可称量。

(3) 称量物的总质量不能超过天平的称量范围。在固定质量称量时要特别注意。

(4) 所有称量物都必须置于一定的洁净干燥容器(如烧杯、表面皿、称量瓶等)中进行称量,以免沾染,腐蚀天平。

(5) 量程:0.000 0~320.000 0 g。

2. 普通天平的使用

(1) 天平在安装时已经过严格校准,故不可轻易移动天平,否则校准工作需重新进行。

(2) 严禁不使用称量纸直接称量。每次称量后清洁天平,避免对天平造成污染而影响称量精度,以及影响他人的工作。

(3) 称量前应检查天平是否正常,是否处于水平位置。

(4) 称量物不能超过天平负载,不能称量热的物体。

(5) 量程:0.0~1 000.0 g。

(四) 药品称量、溶液保存方法

1. 易潮解、易腐蚀固体药品的称量方法　用托盘天平称量固体氢氧化钠时,正确的操作方法是将 NaOH 放在烧杯内再称量。因为一般药品放到纸上称量,易潮解或腐蚀性的药品应放到玻璃器皿中称量。

2. 碱性溶液的保存方法　可以用玻璃瓶保存,但要用橡胶塞不能用玻璃塞。因为一般碱性溶液能和玻璃中的二氧化硅反应,碱性溶液和磨口的玻璃塞更容易反应,生成硅酸盐,硅酸盐把玻璃塞和瓶子黏在一起,导致打不开瓶子。之所以能保存在玻璃瓶中,是因为碱性溶液和玻璃瓶中的最外层反应,然后硅酸盐就会被涂在玻璃的表面,阻隔瓶与溶液的接触,因而不会继续反应。

3. 酸性药品和溶液的保存方法　可以用玻璃瓶保存,但要用玻璃塞不能用橡胶塞。

4. 见光易分解的药品保存　见光易分解的药品和溶液要避光保存,存放在棕色瓶中,如 $AgNO_3$ 溶液、硝酸等。

(五) 溶液储存时可能的变质原因

1. 玻璃与水和试剂作用后多少会被侵蚀(特别是碱性溶液),使溶液中含有钠、钙、硅酸盐等杂质。某些离子容易被吸附于玻璃表面,这对于低浓度的离子标准液更不可忽视。故低于浓度 1 mg/mL 的离子溶液不适合长期保存。

2. 由于试剂瓶密封不好,空气中的二氧化碳、氧气、氨或酸雾侵入使溶液发生变质。

3. 某些溶液见光分解(硝酸银、汞盐),有些溶液放置时间长了会水解(铋盐、锑盐),有些溶液会受微生物的分解。

4. 含有易挥发的组分,使其浓度降低。

第二节　综合实验二　微生物基础实验

本节主要介绍微生物实验过程中常用的灭菌方法和原理,培养基的制作原理和过程,微生物的接种、培养及微生物装片的制作与观察。通过本节的学习,使学生能够掌握微生物实验中通用的操作技术。

一、消毒和灭菌技术

消毒与灭菌两者的意义有所不同。消毒一般是指利用物理或化学方法消灭病原菌或有害微生物的营养体,而灭菌则是指利用强烈的物理或化学方法杀灭一切微生物的营养体、芽孢和孢子。在日常生活中两者经常通用。灭菌的方法一般可分为物理灭菌和化学灭菌两大类。

(一) 物理灭菌

物理灭菌是最常用的灭菌方法。主要包括热力学灭菌、过滤除菌和紫外线灭菌等。

1. 热力学灭菌　可分为干热灭菌和湿热灭菌两大类。

(1) 干热灭菌

干热灭菌主要原理是利用高温使微生物的蛋白质凝固变性从而达到灭菌的目的。细胞内的蛋白质的凝固性与其本身的含水量有关。在菌体受热时,当环境与细胞内的含水量越大,则蛋白质凝固就越快;含水量越小,凝固越慢。因此,与湿热灭菌相比,干热灭菌所需温度更高(160～170 ℃),时间更长(1～2 h)。进行干热灭菌温度不得超过 180 ℃,否则包扎器皿的纸或棉塞就会被烤焦,甚至会引起燃烧。通常所说的干热灭菌是指利用干燥箱(或称烤箱)进行灭菌,主要用于玻璃器皿如培养皿、移液管和接种工具等的灭菌。灭菌时将被灭菌的物体用双层报纸包好或装入特制的灭菌筒内,装入箱中,不要摆得太挤,以免妨碍热空气流通。逐渐加温,使温度上升至 160～170 ℃后保持 2 h。灭菌结束后,切断电源,自然降温,待箱内温度降至 70 ℃以下后才能打开箱门,以免玻璃器皿炸裂。

另外,灼烧灭菌也属于干热灭菌。在进行无菌操作时,接种工具如接种环、接种钩、接种铲、镊子等要在酒精灯火焰上充分灼烧,试管口、菌种瓶口在火焰上作短暂灼烧灭菌等。

(2) 湿热灭菌

湿热灭菌又分为高压蒸汽灭菌、常压蒸汽灭菌、煮沸消毒法和超高温灭菌。

①高压蒸汽灭菌:此法是将待灭菌的物品放在一个密闭的加压灭菌锅内,通过加热,使灭菌锅隔套间的水沸腾而产生蒸汽。待水蒸气急剧地将锅内的冷空气从排气阀中驱尽,然后关闭排气阀,继续加热,此时由于蒸汽不能溢出,而增加了灭菌器内的压力,从而使沸点增高,得到高于 100 ℃ 的温度,导致菌体蛋白质凝固变性而达到灭菌的目的。

在同一温度下,湿热的杀菌效力比干热大,其原因有三:一是湿热中细菌菌体吸收水分,蛋白质较易凝固,因蛋白质含水量增加,所需凝固温度降低;二是湿热的穿透力比干热大;三是湿热的蒸汽有潜热存在,在 100 ℃ 时,每 1 g 水由气态变为液态时可放出 2.26 kJ 的热量。这种潜热能迅速提高被灭菌物体的温度,从而增加灭菌效力。

在使用高压蒸汽灭菌锅时,灭菌锅内冷空气的排除是否完全极为重要。因为空气的膨胀压大于水蒸气的膨胀压,所以,当水蒸气中含有空气时,在同一压力下,含空气蒸气的温度低于饱和蒸气的温度。

一般培养基在 0.11 MPa,121 ℃ 20～30 min 可达到彻底灭菌的目的。这种灭菌适用于培养基、工作服、橡胶制品等的灭菌,也可用于玻璃器皿的灭菌。

②常压蒸汽灭菌法:在不具备高压蒸汽灭菌的情况下,常压蒸汽灭菌是一种常用的灭菌方法。对于不宜用高压灭菌的培养基如明胶培养基、牛乳培养基、含糖培养基等可采用常压蒸气灭菌。这种灭菌方法可用阿诺氏流动蒸气灭菌器进行灭菌,也可用普通蒸气笼进行灭菌。由于常压,其温度不超过 100 ℃,仅能使大多数微生物被杀死,而芽孢细菌却不能在短时间内杀死,因此可采用间歇灭菌以杀死芽孢细菌,达到彻底灭菌的目的。

常压间歇灭菌是将灭菌培养基放入灭菌器内,每天加热 100 ℃,保持 30 min,连续 3 天。第一天加热后,其中的营养体被杀死,将培养物取出放室温下 18～24 h,使其中的芽孢体发育成营养体。第二天再加热 100 ℃,保持 30 min,发育的营养体又被杀死,但可能仍留有芽孢,故第三天再重复一次,使其彻底灭活。

③煮沸消毒法:注射器和解剖器械等可用煮沸消毒法。一般微生物学实验室中煮沸消毒时间为 10～15 min,可以杀死细菌所有营养体和部分芽孢。如延长煮沸时间,并加入 1% 碳酸氢钠或 2%～5% 石炭酸,效果更好。人用注射器和手术器

械均采用高压蒸汽灭菌或干热灭菌,或采用一次性无菌用品。

④超高温灭菌(UHTS):是指在温度和时间标准分别为 130～150 ℃和 2～8 s 的条件下对牛乳或其他液态食品进行处理的一种工艺,其最大优点是既能杀死产品中的微生物,又能较好地保持食品品质与营养价值。超高温灭菌工艺的应用,使乳制品及各种饮料等无需冷藏的理想变成了现实,从而打破了地域和季节的限制。

超高温灭菌自 20 世纪 80 年代以来已在世界各国广泛应用。我国改革开放以来,超高温灭菌也广泛应用于橘子汁、猕猴桃汁、荔枝汁、菊花茶、牛乳等生产工艺中。

2. 过滤除菌　许多材料例如血清、抗生素及糖溶液等用加热灭菌和消毒灭菌方法,有效成分均会被热破坏,因此可以采用过滤除菌方法,应用最广泛的过滤器主要有以下几类。

①蔡氏过滤器:该过滤器由石棉制成的圆形滤板和一个特制的金属(银或铝)漏斗组成,分上下两节,过滤时,用螺旋把石棉板紧紧夹在上下两节滤器之间,然后将溶液置于滤器中抽滤,每次过滤必须用一张新滤板。根据其孔径大小滤板分为三种型号:K 型最大,作一般澄清用;EK 型滤孔较小,用来除去一般细菌;EK-S 型滤孔最小,可阻止大病毒通过。使用时可根据需要选用。

②微孔滤膜过滤器:这是一种新型过滤器,其滤膜是用醋酸纤维酯和硝酸纤维酯的混合物制成的薄膜。孔径分为 0.025 μm、0.05 μm、0.10 μm、0.20 μm、0.30 μm、0.45 μm、0.60 μm、0.80 μm、1.00 μm、2.00 μm、3.00 μm、5.00 μm、7.00 μm、8.00 μm 和 10.00 μm。过滤时,液体和小分子物质通过,细菌则被截留在滤膜上。实验室中用于除菌的滤膜孔径一般为 0.20 μm。但若要将病毒除掉,则需要更小孔径的微孔滤膜。微孔滤膜不仅可以用于除菌,还可以用来测定液体或气体中的微生物,如水的微生物检查。过滤除菌法应用十分广泛,除实验室用于某些溶液、试剂的除菌外,在微生物工业上所用的大量无菌空气及微生物工作使用的净化工作台都是根据过滤除菌的原理设计的。

3. 紫外线灭菌　紫外线波长在 200～300 nm,具有杀菌作用,其中以 265～266 nm 范围杀菌力最强。此波长的紫外线易被细胞中的核酸吸收,造成细胞损伤而杀菌。紫外线灭菌在微生物实验及生产实践中应用广泛,无菌室或无菌接种箱空气可用紫外线灯照射灭菌。此外,采用^{60}Co-γ射线灭菌已广泛用于不能进行加热灭菌的纸、塑料薄膜,各种积层材料制作的容器及医用生物敷料皮等的灭菌。γ射线灭菌的最大优点是穿透力强,可在厚包装完好条件下灭菌。

(二) 化学药品消毒

化学药品灭菌法是应用能抑制或杀死微生物的化学制剂进行消毒灭菌的方法。能破坏细菌代谢机能并有致死作用的化学药剂为杀菌剂,如重金属离子等。只是阻止细菌代谢机能,使细菌不能增殖的化学药剂为抑菌剂,如磺胺类及大多数抗生素等。化学药品对微生物的作用是抑菌还是杀菌以及作用效果还与化学药品浓度的高低、处理微生物的时间长短、微生物的种类以及微生物所处环境等有关。

微生物实验室中常用的化学药品有2%煤酚皂溶液(来苏尔)、0.25%新洁尔灭、0.1%升汞、3%~5%的甲醛溶液、75%乙醇溶液等。

消毒与灭菌不仅是从事微生物学和整个生命科学研究必不可少的环节和实用技术,而且在医疗卫生、环境保护、食品、生物制品等各方面均具有重要的应用价值。根据不同的使用要求和条件选用合适的消毒灭菌的方法。

二、无菌操作技术

在微生物的分离和培养过程中必须使用无菌操作技术。所谓无菌操作技术,就是在分离、接种、移植等各个操作环节中必须保证在操作过程中杜绝外界环境中的杂菌进入培养的容器或系统内,避免污染培养物。无菌操作技术广泛应用于微生物、组织培养及基因工程等领域。

无菌操作技术,简单地说就是在无菌环境中进行的操作,为保证获得纯净的培养物,需要考虑各种因素的影响。

(一) 培养基灭菌

培养基一般采用高压灭菌,将培养基放在高压锅中,排净冷空气后,在121 ℃灭菌20~30 min,保证培养基处于无菌状态。

(二) 创造无菌接种环境

无菌操作必须在无菌条件下进行。常见的无菌场所有净化工作台、接种箱和接种室。在进行操作前需将灭菌后的培养基以及接种用的酒精灯、工具等放到接种场所,然后采用物理或化学方法进行环境处理。

1. 净化工作台　操作前用75%的酒精棉擦拭台面,然后打开紫外线灯照射消毒,并打开风机吹20~30 min,将台面上含有杂菌的空气排除,保持台面处于无菌状态。

2. 接种箱　操作前按照每立方米空间用10~14 mL甲醛和5~10 g高锰酸钾进行混合熏蒸,熏蒸时间不少于30 min。或用市售气雾消毒剂进行熏蒸,每立方米空间用4~5 g。接种箱中如有紫外线灯时,同时打开。

3. 接种室　灭菌方法同接种箱。为避免药害,接种前可以喷洒甲醛用量一半的氨水来中和残留的甲醛。

(三) 手和物体表面的消毒

先用肥皂水洗手,再用75%的酒精棉球擦拭手表面或者超净工作台、物体表面等。

(四) 工具灭菌

点燃酒精灯,将接种工具在酒精灯外焰上充分灼烧,杀死工具表面附着的杂菌,工具灭菌后不得再接触台面。

(五) 无菌操作(以转管为例)

左手拿一只母种和一支空白PDA培养基,右手拿灭菌后的接种钩,将两个棉塞同时拔掉,夹在右手的无名指和小拇指、小拇指和掌根之间,不可将棉塞放到台面上。拔掉棉塞后,试管口要在酒精灯火焰上方3~5 cm处,利用火焰封口,然后用接种钩切取少量母种,迅速通过酒精灯火焰,放到空白培养基斜面中央,轻压以防止滑动,最后塞好棉塞。

(六)培养

将接种后的菌种放到适宜的环境下培养。培养环境要注意消毒,防止培养过程中杂菌侵染菌种。

(七)检查

培养过程中要经常检查菌丝生长情况,发现有杂菌污染的菌种要及时挑出。

在进行微生物分离纯化以及其他无菌操作时,主动培养自己的无菌意识,加强训练,提高熟练程度,降低污染率。

三、PDA 培养基的配制

(一)实验原理及用途

1. 原理　马铃薯浸出粉有助于各种霉菌的生长;葡萄糖提供能源;琼脂是培养基的凝固剂。

2. 用途　是一种普遍用于酵母菌、真菌和霉菌计数培养用的培养基,被推荐用于各类食品和饮料中酵母菌、霉菌检测和真菌的计数。

(二)实验材料及药品

马铃薯(去皮)200 g、葡萄糖 20 g、琼脂 15～20 g、蒸馏水 1 000 mL、自然 pH 等。

(三)实验器材

天平、称量纸、电磁炉、烧杯(最好是瓷的)1 000 mL、刀、纱布、玻璃棒、试管、培养皿、三角瓶、棉塞、报纸、线绳、记号笔、灭菌锅、超净工作台、接种针、酒精灯、酒精棉花、培养箱、显微镜、载玻片、盖玻片等。

（四）实验步骤

1. **称量** 称量去皮马铃薯 200 g，葡萄糖 20 g，琼脂 15～20 g。

提示：琼脂加入的量取决于琼脂的质量，质量好的 15 g 就够了，质量差的应适当增加。另外，在夏天气温较高时，适当增加用量。

2. 将马铃薯切成小块，放入锅中，加水 1 000 mL，煮沸 30 min，用纱布滤去马铃薯残渣。

3. 将马铃薯滤液放回锅中，加入琼脂，加热熔化。

提示：在琼脂熔化的过程中需要用玻璃棒不断搅拌，并控制火力不要使培养基溢出或烧焦。

4. **加入葡萄糖** 葡萄糖溶解后，加入适量的水以补充加热过程中损失的水分，定容至 1 000 mL。

提示：通常在制作培养基的锅内用红蓝铅笔标记出不同体积的刻度，如 1 000 mL、2 000 mL 等，在定容时直接将水加至已标记的刻度即可。

5. **分装** 根据不同的实验目的，可将配制的培养基分装于试管内或三角瓶内。分装试管，其量为管高的 1/5，灭菌后制成斜面。分装三角瓶的容量以不超过三角瓶容积的一半为宜。

6. **加塞** 在管口或瓶口塞上棉塞。棉塞要用未脱脂的经弹松的棉花，棉塞可过滤空气，防止杂菌侵入并减缓培养基水分的蒸发，故在植物病理学研究工作中普遍使用。正确的棉塞是形状、松紧与管口或瓶口完全适合，过紧时妨碍空气流通，操作不便；过松则达不到滤菌的目的，且棉塞过小往往容易掉进试管内。正确的棉塞头较大，约有 1/3 在外，2/3 在试管内。分装过程中注意不要使培养基沾染在管（瓶）口上以免浸湿棉塞，引起污染。

7. **包扎** 加塞后，将试管用线绳捆好，再在棉塞外包一层牛皮纸，以防止灭菌时冷凝水润湿棉塞，其外再用一道线绳扎好。用记号笔注明培养基名称、配制日期、组别、制作人等。

8. **灭菌** 将上述培养基以 0.1 MPa、121 ℃ 高压蒸汽灭菌 20 min。

9. **搁置斜面** 将灭菌的试管培养基竖置冷至 50 ℃ 左右（以防斜面上冷凝水

太多),将试管口端摆放在玻璃棒或其他合适高度的器具上,搁置的斜面长度以不超过试管总长的一半为宜。培养基经灭菌后,必须放在 37 ℃ 温箱培养 24 h,无菌生长方可使用。

10. 接种　接种前用 75% 的酒精棉花擦拭台面,然后打开紫外灯照射消毒,并打开风机吹 20~30 min,将台面上含有杂菌的空气排除,保持台面处于无菌状态。

点燃酒精灯,将接种针在酒精灯外焰上充分灼烧,杀死工具表面附着的杂菌,工具灭菌后不得再接触台面。左手拿一支母种斜面和一支空白 PDA 培养基,右手拿灭菌后的接种钩,将两个棉花塞同时拔掉,夹在右手的无名指和小拇指、小拇指和掌根之间,不可将棉塞放到台面上。拔掉棉塞后,试管口要在酒精灯火焰上方 3~5 cm 处,利用火焰封口,然后用接种钩切取少量母种,迅速通过酒精灯火焰,放到空白培养基斜面中央,轻压以防止滑动。最后塞好棉塞。或将 PDA 培养基倒平板,待凝固后接种,在无菌操作条件下蘸取母种上的菌丝,以划线方式接种到平板上。

11. 将接种完的试管棉塞再次旋紧以防脱落,然后将它插在试管架上,或将平板倒置于 28 ℃ 培养箱中培养 7 d,观察菌苔的生长情况。

(五) 注意事项

1. 培养基经灭菌后,必须放在 28 ℃ 培养箱中培养 24 h,无菌生长者方可使用。

2. PDA 培养基一般不需要调 pH。对于要调节 pH 的培养基,一般用 pH 试纸测定其 pH。如果培养基偏酸或偏碱时,可用 1 mol/L NaOH 或 1 mol/L HCl 溶液进行调节。调节时应逐滴加入 NaOH 或 HCl 溶液,防止局部过酸或过碱破坏培养基成分。

3. 培养基在使用时也可以做成不含琼脂的液体培养基,用于菌类的振荡培养。

4. 培养基也可以加入氯霉素或土霉素,加入量为 0.2 g/L 培养基,主要是为了抑制细菌的生长,减少干扰。

四、真菌的形态观察

(一) 实验目的

1. 掌握微生物实验的基本操作技能。
2. 学会用载片培养法培养真菌。
3. 观察青霉、曲霉和假丝酵母的发育过程和它们的形态特征。

(二) 实验原理

载片培养是培养和观察研究真菌或放线菌生长全过程的一种有效方法。通常只要把菌种接种在载玻片中央的小琼脂块培养基上,然后覆以盖玻片,再放在湿室中作室温培养,就可随时用光学显微镜观察其生长发育的全过程,且可不断摄影而不破坏样品的自然生长状态。

真菌载片培养的方法很多,这里介绍一种我们自行设计的采用营养较贫乏、载片与盖片间空间十分狭窄的载片培养,由此可以看到菌丝疏密恰当、特征构造明显、菌丝和产孢子构造分布在较狭窄平面上的良好标本。它不但易于显微镜观察和摄影,还可通过固定、染色和封固制成固定标本加以保存。

(三) 实验材料和器皿

1. 菌种　①产黄青霉;②黑曲霉;③热带假丝酵母。
2. 培养基　马铃薯琼脂培养基(原配方以无菌水作 3∶1 稀释,以调整其硬度和降低营养物的浓度)。
3. 试剂　20%甘油乳酸苯酚固定液(乳酸 10 g,结晶苯酚 10 g,甘油 20 g,蒸馏水 10 mL)。
4. 器皿　培养皿、载玻片、玻璃搁棒、盖玻片、圆形滤纸片、细口滴管、镊子、显微镜等。

（四）实验方法和步骤

1. 霉菌的载片培养

（1）准备湿室：在培养皿底铺一层等大的滤纸，其上放一玻璃搁架、一块载玻片和两块盖玻片，盖上皿盖，其外用纸包扎后于 121 ℃下湿热灭菌 20 min，然后置 60 ℃烘箱中烘干，备用。

（2）熔化培养基：将试管中的稀马铃薯葡萄糖琼脂培养基加热熔化，然后放在 60 ℃左右的水浴（烧杯）中保温，待用。

（3）整理湿室：以无菌操作法用镊子将载玻片和盖玻片放在搁棒上的合适位置处。

（4）点接孢子：用接种针挑取少量孢子至载玻片的两个合适位置上。

（5）覆培养基：用无菌细口滴管吸取少量熔化培养基，滴加到载玻片的孢子上。培养基应滴得圆整扁薄，直径约为 0.5 cm。

（6）加盖玻片：用无菌镊子取一片盖玻片仔细盖在琼脂培养基上，防止气泡产生，然后均匀轻压，务必使盖片与载片间留下约 1/4 mm 高度（严防压扁）。

（7）保湿培养：每皿倒入约 3 mL 20%的无菌甘油，以保持培养湿度，然后置 28 ℃恒温培养。10 h 后即可不断观察其孢子萌发、菌丝伸展、分化和子实体等的形成过程。

（8）详细镜检：从湿室中取出载玻片标本，置低倍镜或高倍镜下认真观察霉菌标本中营养菌丝、气生菌丝和产孢子结构的形态及特征性构造，如曲霉的顶囊、足细胞、青霉孢子梗的对称性等。

2. 假丝酵母的载片培养

准备湿室、熔化培养基和整理湿室的步骤同上。

（1）滴培养基：用灭菌后的细口滴管吸取少量熔化的马铃薯葡萄糖琼脂培养基滴加到载玻片的两个适当位置上，随即涂成圆而薄的形状。

（2）取菌接种：用接种环从斜面菌种上挑取极少量菌苔，轻轻接至培养基中央（不使培养基破损），盖上盖玻片后轻压，留出狭窄的空间。

（3）保湿培养：如前，倒入 20%的无菌甘油至湿室，置 28 ℃恒温箱中培养 48 h

后观察假菌丝体等特征性构造。

（五）结果记录

1. 观察并描述实验中选用的各霉菌和假丝酵母斜面菌种的形态特征。

2. 把显微镜下观察到的曲霉、青霉和假丝酵母的菌丝体和特征性构造（足细胞、分生孢子头、分生孢子梗、分生孢子、假菌丝等）绘图并记录在下表中。

菌种	低倍镜视野下	高倍镜视野下
产黄青霉孢子及孢子头		
黑曲霉孢子及孢子头		
热带假丝酵母的假菌丝		

（六）注意事项

1. 制作载片培养时，接种的菌种量宜少，培养基要铺得圆且薄些，盖上盖玻片时，不使气泡产生，也不能把培养基压碎或压平而无缝隙。

2. 观察时，应先用低倍镜沿着琼脂块的边缘寻找合适的生长区，然后再换高倍镜仔细观察有关构造并绘图。

第三节　综合实验三
植物组织中可溶性蛋白的测定

在生物、化学及制药实验中，化学试剂的配制、天平的使用、分光光度计的使用等都是必不可少的内容。通过本节内容的学习，使学生掌握天平的正确使用方法、一种系列标准梯度浓度的溶液的配制、标准曲线的绘制和回归方程的计算方法及分光光度计的使用范围与正确使用方法。

一、实验目的

1. 掌握分光光度计的使用方法。
2. 掌握缓冲溶液的配制方法。
3. 学会一个系列标准梯度浓度的溶液的配制。
4. 掌握标准曲线的制作和可溶性蛋白含量的计算方法。
5. 掌握考马斯亮蓝 G-250 染色法。
6. 了解蛋白质含量的几种测定方法。

二、实验原理

目前对蛋白含量的测定有凯氏定氮法、双缩脲法(Biuret 法)、Folin-酚试剂法(Lowry 法)、紫外吸收法、考马斯亮蓝法(Bradford 法)。其中 Bradford 法和 Lowry 法灵敏度高,比紫外吸收法高 10~20 倍,比 Biuret 法高 100 倍以上。凯氏定氮法比较复杂,但较准确,往往以定氮法测定的蛋白质作为其他方法的标准蛋白质。

1976 年由 Bradford 建立的考马斯亮蓝法是根据蛋白质与染料相结合的原理设计的。这种方法是目前灵敏度最高的蛋白质测定方法之一。考马斯亮蓝 G-250 染料在酸性溶液中与蛋白质结合,使染料最大吸收峰位置由 465 nm 变为 595 nm,溶液的颜色也由棕黑色变为蓝色,染料主要是与蛋白质中碱性氨基酸和芳香氨基酸残基结合。在一定蛋白质浓度范围内(0~100 μg/mL),蛋白质-色素结合物在 595 nm 波长下的光吸收与蛋白质含量成正比。故可用于蛋白质的定量测定。

蛋白质与考马斯亮蓝 G-250 结合,在 2 min 左右的时间内达到平衡,完成反应十分迅速,其结合物在室温下 1 h 内保持稳定。该反应非常灵敏,可测微克级蛋白质含量,所以是一种比较好的蛋白质定量法。

Bradford 法的优点:(1) 灵敏度高,其最低检测蛋白质含量可达 1 mg,这是因为蛋白质与染料相结合后产生的颜色变化很大,蛋白质-染料复合物有更高的吸光系数,因而光吸收要比 Folin-酚试剂法大得多;(2) 测定快速、简洁,只需要加一种试剂即可完成一个样品的测定,时间只要 5 min 左右。由于染料与蛋白质结合的过程大约只要 2 min 即可完成,其颜色可以在 1 h 内保持稳定,且在 5~20 min 之间颜色的稳定性最好;(3) 干扰物质少。

Bradford 法的缺点:(1) 由于各种蛋白质中的精氨酸和芳香族氨基酸的含量不同,因此 Bradford 法用于不同蛋白质时有较大的偏差;(2) 仍有一些物质干扰此法的测定,主要的干扰物质有去污剂等;(3) 标准曲线也有轻微的非线形,因而不能用比尔定律进行计算,而只能用标准曲线来测定未知蛋白质的浓度。

三、试剂与器材

1. 试剂

(1) 0.1 mg/mL 的标准蛋白质(牛血清蛋白 BSA)溶液:用分析天平称取 (0.01 ± 0.0002) g 的牛血清蛋白,在烧杯中用 70 mL 左右的蒸馏水溶解,用玻璃棒将溶解的牛血清蛋白引流到 100 mL 容量瓶中,用少量的蒸馏水清洗烧杯 3 次并将清洗液倒入容量瓶中,最后用胶头滴管定容到 100 mL,上下颠倒混匀,放在室温下备用,注意牛血清蛋白要现用现配。

(2) 考马斯亮蓝 G-250 染料试剂:称 (100 ± 2) mg 考马斯亮蓝 G-250 溶于 50 mL 95% 的乙醇后,再加入 120 mL 85% 的磷酸,用水稀释至 1 L,过滤,此溶液在常温下可放置一个月。

2. 器材

可见光分光光度计、玻璃比色皿、旋涡混合器、试管、移液管或移液枪若干等。

四、实验步骤

1. 系列溶液的配制以及标准曲线制作

(1) 取 7 支试管,分别按表中标号,并按表中顺序分别加入样品、水和试剂。

管号	1	2	3	4	5	6
0.1 mg/mL 的标准蛋白质	0	0.2	0.4	0.6	0.8	1.0
蒸馏水(mL)	1.0	0.8	0.6	0.4	0.2	0.0
蛋白含量(mg/mL)	0	0.02	0.04	0.06	0.08	0.10
考马斯亮蓝(mL)	3.0	3.0	3.0	3.0	3.0	3.0

(2) 加完试剂 2～5 min 后,即可开始用比色皿,在分光光度计上测定各样品在 595 nm 处的光吸收值 A_{595},空白对照为 1 号管。

(3) 用标准蛋白质(mg)为横坐标,用吸光值 A_{595} 为纵坐标作图即得一标准曲线,并计算回归方程。

2. 植物蛋白提取液的制备

取 4 g 植物组织,加 50 mmol/L 的 pH=7.8 的磷酸缓冲液 16 mL,研磨匀浆,并离心或过滤,取上清液,测量上清液的体积(V)。

3. 待测样品检测

取 3～5 支试管,向其中分别加入 3 mL 的考马斯亮蓝 G-250 溶液。再取提取液,分别稀释一定倍数(K),再向试管中分别加入 1 mL 已稀释过的提取液,反应 2～5 min 后测定 A_{595} 值。

4. 选择 OD 值在标准曲线中间的稀释组,根据标准曲线或回归方程查出稀释蛋白提取液蛋白含量 C(mg/mL)。

5. 计算植物组织可溶性蛋白含量:

$$植物组织可溶性蛋白含量(mg/g) = \frac{C \times K \times V}{W}$$

五、注意事项

1. 最好在试剂加入后的 5～20 min 内测定光吸收,因为这段时间内颜色是最稳定的。

2. 测定中,蛋白-染料复合物会有少部分吸附于比色皿杯壁上,不可使用石英比色皿(因不易洗去染色)。可用塑料或玻璃比色皿,使用后立即用少量95%的乙醇荡洗,以洗去染色,塑料比色皿绝不可用乙醇或丙酮长时间浸泡。

3. 若选择在旋涡混合器上混合,注意不要太剧烈,以免产生大量气泡而难于消除。

[附录1] 分光光度计的使用

一、原理

光线的本质是电磁波的一种,有不同的波长。肉眼可见的彩色光称为可见光,波长范围在400～750 nm。小于400 nm 的光线称为紫外光;大于750 nm 的光线称为红外光。

当光线通过透明溶液介质时,其辐射的波长有一部分被吸收,一部分透过。因此光线射出溶液之后,部分光波减少,这种光波的吸收和透过可用于某些物质的定性定量分析。

依据 Lambert-Beer(朗伯-比尔)定律,一束单色光通过溶液后,光波被吸收一部分,其吸收多少与溶液中溶质的浓度和溶液厚度成正比。用公式表示为

$$T = I/I_0$$

则

$$A = \lg(1/T) = Kbc$$

式中:T——透光率;I——透过光强度;I_0——入射光强度;A——吸光度;K——比例常数;b——溶液的厚度;c——溶液的浓度。

当入射光、吸收系数 K 和溶液的光径长度 b 不变时,吸光度 A 与溶液的浓度 c 成正比。

二、722 型分光光度计

722 型分光光度计(图 4-1)能在近紫外、可见光谱区域内对样品物质作定性和定量的分析。其色散元件为衍射光栅,波长精度比 721 型好,且数字显示读数。

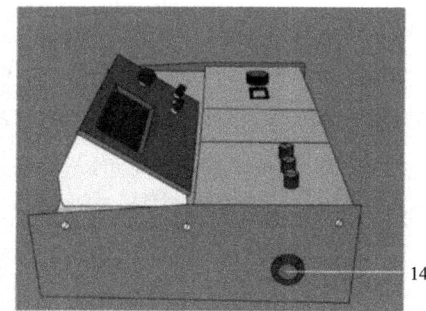
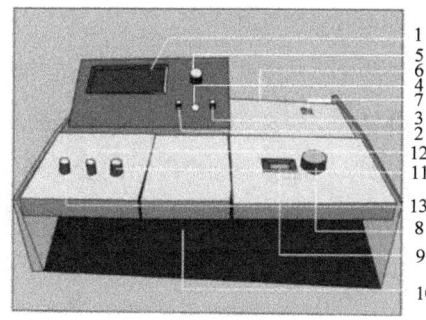

图 4-1　722 型分光光度计

1. 数字显示器；2. 吸光度调零旋钮；3. 选择开关；4. 吸光度调斜率电位器；5. 浓度旋钮；6. 光源室；7. 电源开关；8. 波长手轮；9. 波长刻度窗；10. 试样架拉手；11. 100％T 旋钮；12. 0％T 旋钮；13. 灵敏度调节旋钮；14. 干燥器

三、使用方法

1. 将灵敏度旋钮调整至"1"挡（放大倍率最小）。

2. 开启电源，指示灯亮，选择开关置于"T"，仪器预热 20 min。

3. 打开试样室盖（光门自动关闭），调节"0％T"旋钮，使数字显示为"00.0"。

4. 将装有溶液的比色皿放置比色架中。

5. 旋动仪器波长手轮，把测试所需的波长调节至刻度线处。

6. 盖上样品室盖，将参比溶液比色皿置于光路，调节透过率"100％T"旋钮，使数字显示为"100.0T"（如果显示不到 100％T，则可适当增加灵敏度的挡数，同时应重复上述操作 3，调整仪器的"00.0"）。

7. 将被测溶液置于光路中，数字表上直接读出被测溶液的透过率值。

8. 吸光度的测量，参照上述步骤 3、步骤 6 调整仪器的"00.0"和"100.0"，将选择开关置于旋动吸光度调零旋钮，使得数字显示为"0.000"，然后移入被测溶液，显示值即为试样的吸光度值。

四、注意事项

1. 在接通电源之前，应该对仪器的安全性进行检查，电源线接线应牢固，接地要良好，各个调节旋钮的起始位置应该正确。

2. 仪器底部放有 2 支干燥剂筒，用以保持仪器的干燥。此外在仪器停止工作期间，在比色皿暗箱内，塑料仪器套内都应放防潮硅胶袋。

3. 仪器的连续使用时间不应超过 2 h。使用后必须间歇 0.5 h 才能再用。

4. 务必保持比色皿透光面的清洁。不要用手摸比色皿光滑的表面，更不要用毛刷刷洗比色皿,以免影响读数的准确性。

5. 脏的比色皿可浸泡在肥皂水中,然后再用自来水和蒸馏水冲洗干净。倒置晾干备用。

6. 如果大幅度改变测试波长时,需等数分钟后才能正常工作(因波长由长波向短波或短波向长波移动时,光能量急剧变化,光电管受光后响应较慢,需一段光响应平衡时间)。

7. 待测液要求　凡影响光线透过的因素都会影响测定,如悬浮物、气泡、沉淀、比色皿的洁净度、比色皿外面是否挂液体等。

第四节　综合实验四　滴定分析

滴定分析是一种常用的测定物质含量的化学分析方法,这种方法是将一种已知准确浓度的试剂溶液(称为标准溶液)滴加到被测物质的溶液中,直到化学反应完全时为止,然后根据所用试剂溶液的浓度和体积求得被测组分的含量。

一、实验目的

1. 掌握滴定分析实验中常用仪器、用品、用具的使用及具体操作方法。
2. 掌握基准物质和试样的称量以及溶液配制方法。
3. 学习准确读数、正确判定终点的方法。

二、实验原理

常见的滴定方法包括以下几种:

1. 直接滴定法　用标准溶液直接滴定被测物质是滴定分析法中最常用的基本的滴定方法。凡能满足滴定分析要求的化学反应都可用直接滴定法。

2. 返滴定法　又称剩余滴定法或回滴法。当反应速度较慢或反应物是固体时,滴定剂加入样品后反应无法在瞬间定量反应,可先加入一定过量的标准溶液,待反应定量完成后用另一种标准溶液滴定剩余的标准溶液。

3. 置换滴定法　对于不按确定化学计量关系反应的物质,有时可以通过其他化学反应间接进行滴定,即加入适当试剂与待测物质反应,使其被定量地置换成另一种可直接滴定的物质,再用标准溶液滴定此生成物。

4. 间接滴定法　对于不能和滴定剂直接起反应的物质,有时可以通过另一种化学反应,以滴定法间接进行滴定,这种方法称为间接滴定法。

酸碱滴定通常用盐酸溶液和氢氧化钠溶液做标准溶液。但是,由于浓盐酸易挥发,氢氧化钠易吸收空气中的水和二氧化碳,故不能直接配制成准确浓度的溶液,一般先配制成近似浓度溶液,再用基准物质标定。

当 0.1 mol/L HCl 溶液(强酸)和 0.1 mol/L NaOH 溶液(强碱)相互滴定时,化学计量点的 pH 在 7.0 左右。滴定过程 pH 的突跃范围为 4.3~9.7。在滴定实验过程中,选用在突跃范围内变色的指示剂可以保证测量准确。在指示剂不变的情况下,一定浓度的 HCl 溶液和 NaOH 溶液相互滴定时,所消耗的体积比值是一定的,改变被滴定溶液的体积,此体积比基本不变。依据这一原理,可以练习滴定操作技术和检验判断终点的能力。

甲基橙变色的 pH 范围是 3.1(红色)~4.4(黄色)。酚酞变色的 pH 范围是 8.0(无色)~9.6(红色),如图 4-2 所示。

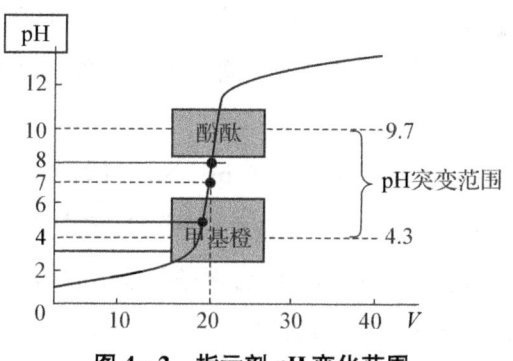

图 4-2　指示剂 pH 变化范围

三、主要仪器和试剂

电子天平、表面皿、称量瓶、250 mL 烧杯、酸式滴定管、碱式滴定管、药匙等;

浓 HCl、NaOH(s)、甲基橙溶液、酚酞试剂等。

四、实验步骤

1. 仪器的检漏（滴定管、容量瓶）、洗涤。
2. 基准物质和试样的称量（准确称量）。
3. 溶液的配制

(1) 0.1 mol/L HCl 溶液：用洁净量筒量约 12 mL 浓 HCl，倒入装有 990 mL 蒸馏水的 1 L 试剂瓶中，盖上玻璃塞，摇匀。

(2) 0.1 mol/L NaOH 溶液：用托盘天平称取 NaOH 固体 4 g，置于 250 mL 烧杯中，加入蒸馏水搅拌溶解后转入试剂瓶中，如溶解过程有热效应，应放置到室温再转入试剂瓶。用蒸馏水稀释至 1 L，用橡皮塞塞好瓶口，充分摇匀。

4. 酸碱溶液的相互滴定

(1) 用 0.1 mol/L NaOH 溶液润洗碱式滴定管 2～3 次，每次用 5～10 mL 溶液。将滴定剂倒入碱式滴定管中。调节滴定管液面至零刻线以上，排尽气泡，调整液面至零刻线，记录读数。

(2) 用 0.1 mol/L HCl 溶液润洗酸式滴定管 2～3 次，每次用 5～10 mL 溶液。将盐酸溶液倒入酸式滴定管中。调节滴定管液面至零刻线以上，排尽气泡，调整液面至零刻线，记录读数。

(3) 在 250 mL 锥形瓶中分别加入 20 mL NaOH 溶液、2 滴甲基橙指示剂，用酸式滴定管中 HCl 溶液进行滴定操作练习。练习过程中可以不断加入 NaOH 溶液，反复用 HCl 溶液滴定，直至操作熟练后再进行以下实验步骤。

(4) 用移液管准确吸取 25.00 mL 0.1 mol/L NaOH 溶液于 250 mL 锥形瓶中，加入 2 滴甲基橙指示剂，用 0.1 mol/L HCl 溶液滴定至黄色转变为橙色。准确记下读数。平行滴定三次。实验数据记录于表格中，计算 V_{HCl}/V_{NaOH} 的体积比。测试的相对平均偏差要求在 0.3% 以内。

(5) 用移液管准确吸取 25.00 mL 0.1 mol/L HCl 溶液于 250 mL 锥形瓶中，加入 1～2 滴酚酞指示剂，用 0.1 mol/L NaOH 溶液滴定至微红色。若此微红色保持在 30 s 内不褪色即达到滴定终点。平行滴定三次,三次消耗氢氧化钠溶液的体积最大差值要求不超过 0.04 mL。

实验装置如图 4-3 所示。

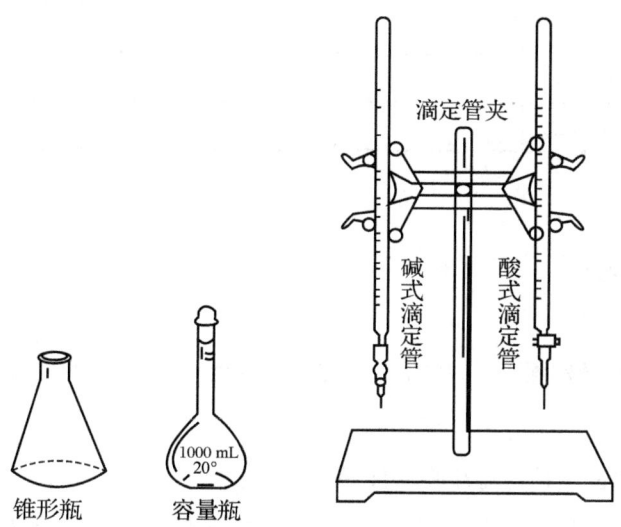

图 4-3　酸碱中和滴定实验装置示意图

五、数据处理

1. HCl 滴定 NaOH(指示剂:甲基橙)

记录项目	1	2	3
V_{NaOH}/mL			
V_{HCl}/mL			
V_{HCl}/V_{NaOH}			
V_{HCl}/V_{NaOH} 的平均值			
相对偏差/%			
平均相对偏差/%			

2. NaOH 滴定 HCl(指示剂:酚酞)

记录项目	1	2	3
V_{HCl}/mL			
V_{NaOH}/mL			
V_{NaOH}平均值/mL			
n 次 V_{NaOH} 最大差值/mL			

六、注意事项

1. 最好每次滴定都从 0.00 mL 开始,或接近 0 的任一刻度开始,这样可以减小滴定误差。

2. 滴定时,左手不能离开旋塞任溶液自流。

3. 摇瓶时,应微动腕关节,使溶液向同一方向旋转(左、右旋转均可),不能前后或左右振动,以免溶液溅出。不要因摇动使瓶口碰在管口上,以免造成事故。摇动时,一定要使溶液旋转出现漩涡,因此要求有一定速度,不能摇得太慢,影响化学反应的进行。

4. 滴定时,要观察滴落点周围颜色的变化。不要去看滴定管上的刻度变化,而不顾滴定反应的进行。

5. 滴定速度的控制方面,一般开始时,滴定速度可稍快,呈"见滴成线",这时为 10 mL/min,即每秒 3~4 滴左右。而不要滴成"水线",这样滴定速度太快。接近终点时,应改为一滴一滴加入,即加入一滴摇几下,再加,再摇。最后是每加半滴摇几下锥形瓶,直至溶液出现明显的颜色变化为止。

6. 半滴的控制和吹洗时,快到滴定终点时,要一边摇动一边逐滴地滴入,甚至是半滴半滴地滴入。

7. 滴定管读数前,应注意管出口嘴尖上有无挂着液滴。

8. 移液管移取试液操作注意以下几个要点:

(1) 高:吸取试液至少高于刻度处。

(2) 擦：从试液中取出移液管，用滤纸擦去管外试液。

(3) 垂：管身垂直。

(4) 靠：管尖紧靠贮液瓶口。

(5) 切：试液弯月面与刻度相切。

(6) 贴：管下端紧贴接收试液容器内壁。

(7) 垂：使管垂直。

(8) 等：试液流完等 15～30 s 后取出移液管。

9. 玻璃仪器的洗涤方法遵循以下几个步骤：

(1) 倾尽仪器内原有的东西。该步骤不仅有利于后续的洗涤，更可以防止意外事故的发生。

(2) 用水洗。根据所用仪器的种类和规格选择合适的毛刷，蘸水刷洗，洗去灰尘和可溶性物质。

(3) 用洗涤剂洗。用毛刷蘸取洗涤剂溶液反复刷洗，然后边刷边用水冲洗。当倾去水后器壁上不挂水珠，则已洗净。

(4) 进行完(2)、(3)两步之后用纯水少量分数次刷洗，洗去所沾的自来水。最少需刷洗 3 次。

(5) 若用上述方法仍难洗净仪器，或不能使用毛刷刷洗的仪器，可根据污物的性质，选用适宜的洗液浸洗（铬酸洗液、纯酸洗液、碱性洗液、碱性乙醇洗液、碱性高锰酸钾洗液等）。清洗时需要注意以下问题：

① 应先用水、洗涤剂清洗，并将水倾尽后再用洗液洗涤玻璃仪器。

② 用铬酸洗液洗涤时，可用少量的洗液浸泡刷洗，用过的洗液不能随意乱倒。只要洗液未变成绿色，应倒回原瓶，可下次再用。

③ 在换用洗液时，必须要除尽前一种洗液，以免相互作用，降低洗涤效果，甚至生成更难洗涤的物质。

④ 用洗液洗涤后，还需用自来水冲洗，再用纯水刷洗。

⑤ 使用洗液浸泡、清洗玻璃仪器时，也可以在超声波清洗器中进行。

七、思考题

1. 配制 NaOH 溶液时应用何种天平称取试剂？为什么？
2. HCl 和 NaOH 溶液能直接配制准确浓度吗？为什么？
3. 在滴定分析实验中，滴定管、移液管为何分别用滴定剂和要移取的溶液润洗？滴定使用的锥形瓶是否也要用滴定剂润洗？为什么？
4. HCl 和 NaOH 溶液定量反应后生成 NaCl 和水。为什么用 HCl 滴定 NaOH 时采用甲基橙作为指示剂，而用 NaOH 滴定 HCl 溶液时使用酚酞指示剂？

第五节　综合实验五　减压蒸馏

本节主要介绍有机化合物的减压蒸馏实验基本操作。在实验过程中，有些有机物沸点比较高，或者在常压下蒸馏时易发生分解、氧化等变化转化为其他物质，导致最终无法获得该有机物。但通过减压的方法进行蒸馏，可以在较低的温度下进行提纯或者分离此有机物，进而避免上述现象的发生。

一、实验目的

1. 了解减压蒸馏的原理及应用范围。
2. 认识减压蒸馏的主要仪器与设备。
3. 掌握减压蒸馏的仪器安装和操作方法。

二、实验原理

某些液体有机化合物沸点较高，在常压下进行蒸馏时，加热还未达到其沸点时往往会发生分解、氧化、聚合,因此不能在常压下进行蒸馏。但对于这类有机化合物可以采用减压蒸馏的方式,即在低于大气压力条件下进行蒸馏。因为液体有机化合物的沸点与外界施加于液体表面的压力有关,随着外界压力的降低,液体的沸点也会随之下降。有时在文献中查不到减压蒸馏选择的压力与相应的沸点,则可根据图 4-4 的经验曲线找出近似值。对于一般的高沸点有机物,当压力降低到 2.67 kPa(20 mmHg)时,其沸点要比常压下的沸点低 100~120 ℃。当减压蒸馏在 1.33~3.33 kPa(10~25 mmHg)之间进行时,大体上压力每相差 0.133 kPa(1 mmHg),沸点约相差 1 ℃。所以当要进行减压蒸馏时,预先粗略地估计出相应的沸点,对具体操作和选择合适的温度计与热浴都有一定的参考价值。

因此,减压蒸馏对于分离和提纯沸点较高或性质不稳定的液体有机化合物具有特别重要的意义,也是分离和提纯有机化合物的常用方法。

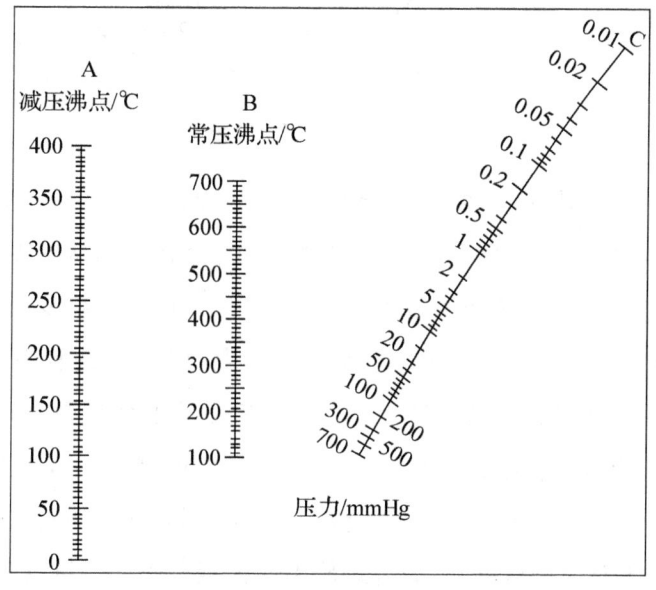

图 4-4　液体常压沸点、减压沸点与压力间的关系

三、主要仪器装置

减压蒸馏装置主要由蒸馏装置、保护和测压装置、抽气减压装置三部分组成。具体装置图如图 4-5 所示。

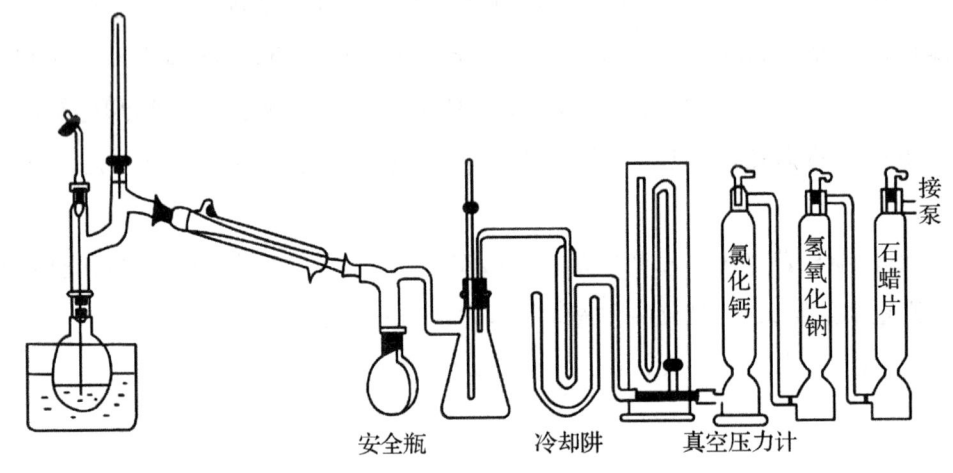

图 4-5 减压蒸馏实验装置

1. **蒸馏装置** 由圆底烧瓶、克氏蒸馏头、冷凝管、真空接引管、接收器等组成。使用克氏蒸馏头的优点是可以减少液体沸腾时由于暴沸或泡沫的发生而溅入普通蒸馏头支管的现象。克氏蒸馏头带支管的一颈插入温度计(温度计位置与普通蒸馏时要求相同)。另一颈插入一根毛细管作为安全管,毛细管下端离瓶底 1～2 mm,上端接一段短的橡皮管并装上螺旋夹。毛细管的作用是在减压抽气时,将微量空气抽进烧瓶中,并呈微小气泡冒出,作为液体的沸腾中心,使沸腾平稳,防止暴沸现象的发生,同时也起到了搅拌的作用(在减压蒸馏时,沸石已经不能起到汽化中心的作用,不能防止暴沸)。通过螺旋夹的松紧可以调节进气量大小,控制蒸馏操作的平稳进行。接收器则通常采用圆底烧瓶,不能使用平底烧瓶或锥形瓶,因为它们不耐压,在减压抽气时会造成内向爆炸。蒸馏时,如果要收集不同馏分则可以用多头接引管。

2. **抽气减压部分** 实验室通常采用水泵和油泵进行抽气减压。如果不需要很低的压力时一般采用水泵进行操作,它能使系统压力降到 1 067～3 333 Pa (8～25 mmHg)。但是,使用水泵抽气时,应在水泵前装上安全瓶,以防止水压下降时水流倒吸进入接收器内污染产品。需要特别强调的是,停止蒸馏时要先打开安全瓶活塞,再关闭水泵。当实验需要很低的压力时,就需要使用油泵来进行减压。油泵能将系统的压力降到 133 Pa 以下,但它对工作条件的要求较严,不能使有机物蒸气、水及酸性的蒸气等抽入油泵内,否则会腐蚀损坏油泵并降低其抽真空性能。因此,在使用油泵前一般要装上气体吸收装置,用来去除对油泵有害的气体。

3. 保护和测压装置　当用油泵进行减压蒸馏时,为了防止易挥发的有机溶剂、酸性物质和水气等进入油泵,必须在馏液接收器与油泵之间顺次安装缓冲瓶、冷阱、真空压力计和几个吸收塔。缓冲瓶的作用是起缓冲和系统与大气连通用的,上面装有一个两通活塞。冷阱的作用是将蒸馏装置中冷凝管没有冷凝的低沸点物质捕集起来,防止其进入后面的干燥系统或油泵中。冷阱中冷却剂的选择随需要而定。例如可用冰-水、冰-盐、干冰、丙酮等冷冻剂。吸收塔(又称干燥塔)通常设三个:第一个装无水 $CaCl_2$ 或硅胶,吸收水汽;第二个装粒状 NaOH,吸酸性气体;第三个装切片石蜡,吸烃类气体。

实验室通常利用水银压力计来测量减压系统的压力。水银压力计又有开口式水银压力计和封闭式水银压力计等。

四、实验步骤

1. 被蒸馏液体中若含有低沸点物质时,通常先进行普通蒸馏,再进行水泵减压蒸馏,若实验需要使用油泵,应在水泵减压蒸馏后进行。

2. 如图 4-5 安装好减压蒸馏装置后,在蒸馏瓶中加入待蒸液体(不超过容量的 1/2),先旋紧橡皮管上的螺旋夹,打开安全瓶上的二通活塞,使体系压力与大气相通,启动水泵抽气,逐渐关闭两通活塞至完全关闭,注意观察瓶内的鼓泡情况(如发现鼓泡太剧烈,则有冲料危险,应立即将两通活塞旋开些),从压力计上观察体系内的真空度是否符合要求。如果是因为漏气(而不是水泵本身效率的限制)而不能达到所需的真空度,可检查各部分塞子、橡皮管和玻璃仪器接口处连接是否紧密,必要时可用熔融的固体石蜡密封。

如果超过所需的真空度,应小心地旋转两通活塞,使其慢慢地引进少量空气,同时注意观察压力计上的读数,调节体系真空度到所需值(根据沸点与压力关系)。调节螺旋夹,使液体中有连续平衡的小气泡产生。如无气泡,可能是螺旋夹夹得太紧,应旋松点。但也可能是毛细管已经阻塞,应予更换。

3. 在系统调节好真空度后,开启冷凝水,选用适当的热浴(一般用油浴)加热蒸馏,蒸馏瓶圆球部至少应有 2/3 浸入油浴中,在油浴锅内放一温度计,控制油浴温度比待蒸液体的沸点高 20~30 ℃,使其每秒钟馏出 1~2 滴。在整个蒸馏过程中都要密切注意温度计和真空计的读数,及时记录压力和相应的沸点值,根据要求收集不同馏分。通常起始流出液比要收集的物质沸点低,这部分为前馏分,应另用接收器接收。在蒸至接近预期的温度时,只要旋转双叉尾接管,就可换个新接收瓶接收需要的物质。

4. 蒸馏完毕,移去热源,慢慢旋开螺旋夹(防止倒吸),再慢慢打开两通活塞,平衡内外压力,使测压计的水银柱慢慢地回复原状(若打开得太快,水银柱很快上升,有冲破测压计的可能),然后关闭水泵和冷却水。

五、数据处理

量取馏出液体积,计算收率,并将相关实验结果记录在表中。

性状	大气压/ kPa(mmHg)	蒸馏压力/ kPa(mmHg)	沸程/℃	蒸馏前体积/mL	蒸馏后体积/mL	收率/%

六、注意事项

1. 在实验前一定要使装置气密性良好。

2. 加热前要加沸石等。

3. 减压蒸馏前先抽真空,真空稳定后再慢慢升温。

4. 实验先停热后停泵。

5. 注意最后的液体不要蒸完,留有 1 mL 就可以。

6. 为保证安全性,实验结束时一定要先通大气。

七、思考题

1. 在怎样的情况下才用减压蒸馏?
2. 使用油泵减压时,有哪些吸收和保护装置?其作用是什么?
3. 在进行减压蒸馏时,为什么必须用热浴加热,而不能直接用火加热?
4. 为什么在减压蒸馏时必须先抽气才能加热?
5. 当减压蒸完所要的化合物后,应如何停止减压蒸馏?为什么?

本章重点

本章通过对化学、生物及制药类等专业常用典型实验及具体操作的介绍,使学生掌握以下基本技能:(1) 熟练掌握一般溶液的配制方法和过程;(2) 掌握微生物操作中的无菌技术、接种实验和微生物的显微镜观察等技能;(3) 掌握标准曲线的绘制和回归方程的计算、用分光光度计测定某些物质的含量等技能;(4) 掌握滴定分析实验和减压蒸馏实验的基本操作技能。经过以上几个实验的具体操作,达到培养学生掌握基础实验操作技能的要求。

第五章
实验室"三废"处理与实验收尾工作

在化学、生物及制药类的实验过程中难免会产生各种各样的废气、废液和废渣,即所谓的"三废"。因此,在实验中以及实验结束后必须及时对这些废气、废液和废渣进行正确的处理。此外,实验的收尾工作同样是整个实验工作的重要组成部分,也必须予以足够的重视。本章重点介绍了实验室"三废"的正确处理方法及实验结束后的收尾工作和若干注意事项,目的是规范学生的实验操作行为,培养良好的实验习惯,使学生能够正确地处理实验过程中产生的废气、废液和废渣,重视实验结束后的收尾工作,做到有始有终、善始善终。

第一节 实验室废弃物的处理

化学、生物类实验室常常会产生某些有毒的气体、液体或废渣("三废"),如果将其直接排出就可能会对周围的空气和水源等造成污染。因此,实验室的废气、废液和废渣必须经过一定的处理后才能排弃。

通常,实验室在进行"三废"处理时,一般都会遵循以下几个原则:一是"谁污染谁治理"的原则,目的在于责任到人,各司其职;二是分类收集、存放、集中处理原则,目的在于防止实验室污物的扩散;三是尽可能减少"三废"产生量,目的在于最大限度地减少污染,控制化学试剂的使用量;四是要本着适当处理、回收利用的原则,目的在于争取变"三废"为可利用的资源,节约成本。

一、实验室废弃物的收集方法

1. **分类收集法** 按废弃物的类别性质和状态不同,分门别类收集。
2. **按量收集法** 根据实验过程中排出废弃物的量的多少或浓度高低予以收集。
3. **相似归类收集法** 性质或处理方式、方法等相似的废弃物应收集在一起。
4. **单独收集法** 危险废弃物应予以单独收集处理。

二、实验室废弃物的处理方法

(一) 废气的处理

实验室中,所有产生废气的实验必须备有吸收或其他处理装置。如 NO_2、SO_2、Cl_2、H_2S、HF 等,可用导管通入碱液中使其大部分被吸收后排出。在反应、加热、蒸馏等实验过程中,不能被冷凝的气体,在排入通风橱之前,必须要进行吸收或其他处理,以免污染空气。

常用的吸收剂及其对应处理废气的方法如下:

1. **氢氧化钠稀溶液** 处理卤素、酸气(如 HCl、SO_2、H_2S、HCN)、甲醛、酰氯等。
2. **稀酸**(H_2SO_4 或 HCl) 处理氨气、胺类化合物等。
3. **浓硫酸** 吸收常见有机物。
4. **活性炭、分子筛等吸附剂** 吸收气体、有机物气体。
5. **水** 吸收水溶性气体,如氯化氢、氨气等。

此外,对于氢气、一氧化碳、甲烷等,如果排出量过大,应装上单向阀门,点火燃烧。但要注意，反应体系空气排净以后再点火。最好事先用氮气将空气赶走再反应。对于较重的、不溶于水的挥发物应导入水底，使其下沉，并用吸收瓶吸入后再处理。

（二）废液的处理

废液应根据其化学特性选择合适的容器及存放地点密闭存放，禁止混合贮存。其中，容器标签必须标明废物种类和贮存时间，且贮存时间不宜太长，贮存数量不宜太多，存放地点必须要有良好的通风。

一般废液可通过酸碱中和、混凝沉淀、次氯酸钠氧化等处理后排放。有机溶剂废液应根据其性质尽可能做到回收再利用。对于某些数量较少、浓度较高且确实无法回收使用的有机废液，可采用活性炭吸附法、过氧化氢氧化法处理或在燃烧炉中供给充分的氧气使其完全燃烧。对高浓度废酸、废碱液要经中和至近中性（pH＝6～9）时方可排放。对于剧毒、易燃、易爆药品的废液，其贮存应按危险品管理规定办理。

对于含汞、铬、铅、镉、砷、酚、氰、铜的废液必须经过处理达标后才能排放，且实验室内小量废液的处理可参照以下方法。

1. 含汞废弃物的处理

若不小心将金属汞撒落在实验室里（如打碎压力计、温度计或极谱分析操作不慎将汞撒落在实验台、地面上等），必须及时清除。可用滴管、毛笔或用在硝酸汞的酸性溶液中浸过的薄铜片、粗铜丝将撒落的汞收集于烧杯中，并用水覆盖。撒落在地面难以收集的微小汞珠应立即撒上硫黄粉，使其化合成毒性较小的硫化汞，或喷上用盐酸酸化过的高锰酸钾溶液（每升高锰酸钾溶液中加 5 mL 浓盐酸），过 1～2 h 后再清除，或喷上 20% 浓度的三氯化铁水溶液，待干后再清除干净。应当指出的是，三氯化铁水溶液是对汞具有乳化性能并同时可将汞转化为不溶性化合物的一种非常好的去汞剂，但金属器件（铅质除外）不能用三氯化铁水溶液除汞，因金属本身会与这种溶液反应而损坏。

如果室内的汞蒸气浓度超过 0.01 mg/m^3，可用碘净化，即将碘加热或自然升华，碘蒸气与空气中的汞及吸附在墙上、地面上、天花板上和器物上的汞作用生成不易挥发的碘化汞,然后彻底清扫干净。实验中产生的含汞废气可导入高锰酸钾吸收液内,经吸收后排出。

含汞废液可采用硫化物共沉淀法处理,即用酸、碱先将废液调至 pH 为 8~10,加入过量硫化钠,使其生成硫化汞沉淀。再加入硫酸亚铁作为共沉淀剂,与过量的硫化钠生成硫化铁,生成的硫化铁沉淀将悬浮在水中难以沉降的硫化汞微粒吸附而共沉淀,然后静置、沉淀分离或经离心过滤,上清液可直接排放,沉淀用专用瓶贮存,待收集一定量后可用焙烧法或电解法回收汞或制成汞盐。

2. 含铅、镉废液的处理

镉在 pH 较高的溶液中能沉淀下来,对含铅废液的处理通常采用混凝沉淀法、中和沉淀法。因此可用碱或石灰乳将废液 pH 调至 9,使废液中的 Pb^{2+}、Cd^{2+} 生成 $Pb(OH)_2$ 和 $Cd(OH)_2$ 沉淀,再加入硫酸亚铁作为共沉淀剂,沉淀物可与其他无机物混合进行烧结处理,清液可排放。

3. 含铬废液的处理

铬酸洗液经多次使用后,Cr^{6+} 逐渐被还原为 Cr^{3+},同时洗液被稀释,酸度降低,氧化能力逐渐降低至不能使用,但其并不能直接排放至环境中。此含铬废液可在 110~130 ℃ 下不断搅拌,加热浓缩,除去水分,待冷却至室温后,再边搅拌边缓缓加入高锰酸钾粉末,直至溶液呈深褐色或微紫色(1 L 加入约 10 g 高锰酸钾),加热至有二氧化锰沉淀出现,稍冷后用玻璃砂芯漏斗过滤,除去二氧化锰沉淀后即可再次循环使用。含铬废液还可以采用还原剂(如铁粉、锌粉、亚硫酸钠、硫酸亚铁、二氧化硫或水合肼等)处理,在酸性的条件下将 Cr^{6+} 还原为 Cr^{3+},然后加入碱(如氢氧化钠、氢氧化钙、碳酸钠、石灰等),调节废液的 pH,生成较低毒性的 $Cr(OH)_3$ 沉淀,并分离沉淀,清液可排放。其沉淀经过脱水干燥后或综合利用,或用焙烧法处理,使其与煤渣和煤粉一起焙烧,处理后的铬渣可填埋。一般认为将废水中的铬离子形成铁氧体(使铬镶嵌在铁氧体中),则不会有二次污染。

4. 含砷废液的处理

在含砷废液中加入氯化钙或熟石灰,调节并控制废液的 pH 为 8~9,生成砷酸钙和亚砷酸钙沉淀,再加入 $FeCl_3$,因有 Fe^{3+} 存在时可起共沉淀作用。也可将含砷废液 pH 调至 10 以上,加入硫化钠与砷反应生成难溶、低毒的硫化物沉淀。特别强调,有少量含砷气体产生的实验应在通风橱中进行,使毒害气体及时排出室外。

5. 含酚废液的处理

低浓度的含酚废液可加入次氯酸钠或漂白粉,使酚氯化成邻苯二酚、邻苯二醌、顺丁烯二酸等而被破坏,处理后废液汇入至综合废水桶。高浓度的含酚废液可用乙酸丁酯萃取,再用少量氢氧化钠溶液反萃取。经调节 pH 后进行重蒸馏回收,提纯(精制)后即可再次重复使用。

6. 含氰废液的处理

处理低浓度的氰化物废液可直接加入氢氧化钠调节 pH 为 10 以上,再加入高锰酸钾粉末(约 3%),使氰化物氧化分解。

如果氰化物浓度较高,可用氯碱法进行氧化分解处理。先用氢氧化钠将废液 pH 调至 10 以上,加入次氯酸钠(液氯、漂白粉、二氧化氯),经充分搅拌调 pH 呈弱碱性(pH 约为 8.15),氰化物被氧化分解为二氧化碳和氮气,放置 24 h,经分析达标后即可排放。

应特别注意的是,含氰化物的废液切勿随意乱倒或误与酸混合,否则发生化学反应,导致生成挥发性的氰化氢气体逸出,极易造成严重的中毒事故。

7. 含苯废液的处理

含苯废液可以回收利用,也可以采用焚烧法进行处理。对于少量的含苯废液,可将其置于铁器内,放到室外空旷地方点燃处理。但操作者必须站在上风向,持长棒点燃并且监视至其完全燃尽为止。

8. 含铜废液的处理

酸性含铜废液以 $CuSO_4$ 废液和 $CuCl_2$ 废液最为常见,一般可采用硫化物沉淀法进行处理(pH 调节为 6),也可用铁屑还原法回收铜。

碱性含铜废液,如含铜铵腐蚀废液等,在其浓度较低及含有杂质的情况下,可采用硫酸亚铁还原法处理,其操作简单,效果较佳。

9. 综合废液的处理

综合废液的处理以委托有相关资质、处理能力的化工废水处理站或者城镇污水处理厂处理为最佳。少量的综合废液也可以自行处理。

对已知且互不作用的废液可根据其性质采用物理化学法进行处理,如铁粉处理法:首先将废液的 pH 调节为 3~4,再加入一定量的铁粉,搅拌 30 min,用碱调 pH 至 9 左右,继续搅拌 10 min,加入高分子混凝剂进行混凝沉淀,清液可排放,沉淀物以废渣处理。

10. 废有机溶剂的回收与提纯

(1) 三氯甲烷:将三氯甲烷废液依次用蒸馏水、浓硫酸(用量为三氯甲烷量的 1/10)、蒸馏水、盐酸羟胺溶液洗涤。用重蒸馏水洗涤 2 次,将洗好的三氯甲烷用无水氯化钙脱水干燥,放置几天、过滤、蒸馏。蒸馏速度为每秒 1~2 滴,收集沸点为 60~62 ℃的蒸馏液,保存于棕色带磨口塞子的试剂瓶中待用。

如果三氯甲烷中杂质较多,可用自来水洗涤后预蒸馏一次,除去大部分杂质,然后再按上法处理。对于蒸馏法仍不能除去的有机杂质可用活性炭吸附纯化。

(2) 四氯化碳:①含双硫腙的四氯化碳:先用硫酸洗涤一次,再用蒸馏水洗涤两次,除去水层,加入无水氯化钙干燥、过滤、蒸馏,水浴温度控制在 90~95 ℃,收集 76~78 ℃的馏出液。②含铜试剂的四氯化碳:只需用蒸馏水洗涤两次后,经无水氯化钙干燥后过滤、蒸馏。③含碘的四氯化碳:在四氯化碳废液中滴加三氯化钛至溶液呈无色,用纯水洗涤两次,弃去水层,用无水氯化钙脱水、过滤、蒸馏。

(3) 石油醚:先将废液装于蒸馏烧瓶中,在水浴上进行恒温蒸馏,温度控制在 (81±2)℃,时间控制在 15~20 min。馏出液通过内径 25 mm、高 750 mm 的玻璃柱,内装下层硅胶高 600 mm,上面覆盖 50 mm 厚氧化铝(硅胶 60~100 目,氧化铝 70~120 目,于 150~160 ℃活化 4 h)以除去芳烃等杂质。重复第一个步骤再进行一次分馏,视空白值确定是否进行第二次分离。经空白值($n=20$)和透光率($n=10$)测定检验,回收分离后石油醚能满足质控要求,与市售石油醚无显著性差异。

(4) 乙醚:先用水洗涤乙醚废液 1 次,用酸或碱调节 pH 至中性,再用 0.15% 高锰酸钾洗涤至紫色不褪,经蒸馏水洗后用 0.15%~1% 硫酸亚铁铵溶液洗涤以除去过氧化物,最后用蒸馏水洗涤 2~3 次,弃去水层,经氯化钙干燥、过滤、蒸馏,收集 33.15~34.15 ℃馏出液,保存于棕色带磨口塞子的试剂瓶中待用。由于乙醚沸点较低,乙醚的回收应避开夏季高温为宜。

需要特别强调的是,上述重点介绍了常见的实验室废液的处理方法。但我们必须清楚的是,实验室废液不同于工业废水,实验室废液的成分及其数量的稳定度

低,种类繁多且浓度较高。所以,实验室废液处理的危险性也相对较高。学生在进行相关实验室废液的处理时必须注意以下几点:

(1) 充分了解处理的方法:实验室废液的处理方法因其特性而异,任一废液如未能充分了解其处理方法,切勿尝试处理,否则极易发生意外。

(2) 避免皮肤吸收致毒的废液:大部分的实验室废液触及皮肤仅有轻微的不适,少部分腐蚀性废液会伤害皮肤,有一部分废液则会经由皮肤吸收而致毒。对于一些会经由皮肤吸收产生剧毒的废液,在搬运或处理时需要特别注意,切记不可接触皮肤。

(3) 避免毒性气体的产生:实验室废液处理时,如操作不当会有毒性气体产生,最常见者列举如下:

① 氰类与酸混合会产生剧毒的氰酸;

② 漂白水与酸混合会产生剧毒性的氯气或次氯酸;

③ 硫化物与酸混合会产生剧毒性的硫化物。

(4) 避免爆炸性物质的产生:处理实验室废液时,应完全按照已知的处理方法进行处理,不可任意混杂其他废液,否则容易发生爆炸。一些较易发生爆炸的混合物列举如下:

① 叠氮化钠与铅或铜的混合;

② 胺类与漂白水的混合;

③ 硝酸银与酒精的混合;

④ 次氯酸钙与酒精的混合;

⑤ 丙酮在碱性溶液下与氯仿的混合;

⑥ 硝酸与醋酸酐的混合。

对于其他一些极易产生过氧化物的废液(如异丙醚)也应特别注意,因过氧化物极易因热、摩擦、冲击而引起爆炸,此类废液处理前应将其产生的过氧化物先行消除。

(三) 固体废弃物的处理

固体废弃物的处理通常是指物理、化学、生物、物化及生化方法把固体废物转化为适于运输、贮存、利用或处置的过程。固体废弃物处理的目标是无害化、减量化、资源化。目前采用的主要方法包括压实、破碎、分选、固化、焚烧、生物处理等。

在处理实验室常见固体废弃物时必须注意以下几项：

1. 沾附有害物质的滤纸、包药纸、棉纸、废活性炭及塑料容器等不要丢入垃圾箱内，要分类收集。

2. 废弃不用的药品可交还仓库保存或者用合适的方法进行处理。

3. 废弃的玻璃物品单独放入纸箱内；废弃注射器针头统一放入专用容器内，注射管放入垃圾箱内。

4. 干燥剂和硅胶可用垃圾袋装好后放入带盖的垃圾桶内，其他废弃的固体药品包装好后集中放入纸箱内，放到液体废液集中放置点由专业回收公司处理（剧毒、易爆危险品要先预处理）。

第二节 实验结束注意事项

实验结束后的收尾工作既是实验过程的一个重要的组成部分，也是实验过程最后的一个重要环节。但在以往的很多教学实验中，学生大多只重视实验过程及实验前的一些准备工作，对实验结束后的收尾工作往往马虎了事，实验结束后实验室的脏乱差现象比较严重，实验室水电气方面的安全隐患未能认真排查，学生自己的实验结果、实验报告以及实验论文的写作未能认真加以对待。

为了规范学生实验操作习惯，重视实验结束后的收尾工作，我们在这里将化学、生物及制药类等教学、科研实验结束后的一些收尾工作与注意事项归纳如下：

一、实验室台面药品仪器等整理、归位

化学、生物类实验结束后，我们要及时清洗自己在实验过程中使用过的烧瓶、烧杯、滴定管、容量瓶、试剂瓶等各种玻璃器皿。其中清洗的方法及原则应根据实

验的要求、污物性质和污染的程度来选择合适的清洁剂和清洗方法,最后再用蒸馏水冲洗干净,放入我们原有指定的地方,以便下一次实验前能够及时找到。

实验结束后,每位同学先要把自己的实验台擦干净,把实验过程使用到的滤纸、手套等各种常见易处理的垃圾都倒入垃圾桶,对于实验过程产生的废弃物,应按本章第一节重点介绍的废弃物的处理方法进行简单处理。需要注意的是,离开实验室前一定要清洗干净自己的双手。

实验室中基本每台仪器设备都有使用情况记录表,学生在做完实验后首先要做好实验仪器设备的正常使用情况记录。如果在实验过程中设备出现故障,要清楚记录具体故障,找明原因并及时上报相关实验老师。其次,在做完相关实验后,学生要做好仪器设备的清洁卫生工作,有防尘罩的设备结束后一定要套好防尘罩。

二、实验室水电安全及清洁卫生工作

实验室内每天都要进行清洁整理、卫生打扫。垃圾筐内的垃圾每天都要处理,不得堆积。个人实验台面一定要保持干净整洁,药品、仪器、玻璃器具等要整理归位,不得乱堆乱放。值日生要履行监督职责,并负有维持实验室干净整洁的责任。实验结束后,值日生要拖地、打扫卫生,离开实验室之前一定要查看通风橱、窗户、空调、电风扇、灯等是否关闭。确认无误后通知老师检查,经同意后方可离开实验室。

三、实验数据的及时处理

对于部分实验仪器(例如气相、液相色谱仪等)提供的数据,我们要及时做好记录,这是我们实验最重要的成果。有些仪器已提供打印功能,我们要注意及时把数据打印出来。个别同学把数据存储在电脑里的,自己一定要标记清楚。

实验结束后,我们需要对已经取得的实验数据进行处理,写好实验报告,做好工作总结,总结下自己实验成功或者失败的原因,为下次更好地进行实验做好铺垫。

第五章　实验室"三废"处理与实验收尾工作

本章重点

本章重点介绍了实验结束后的相关内容,包括实验过程中产生废弃物的处理及实验结束后的注意事项,目的是规范学生实验操作习惯,了解并能正确处理实验过程中产生的废气、废液、废渣,重视实验结束后的相关工作事项。

参考文献

1. 武汉大学教学实验室建设与大型仪器设备管理专家委员会.武汉大学实验室安全教育手册[Z],2011.
2. 浙江大学实验室与设备管理处.浙江大学实验室安全手册[Z],2012.
3. 何远山,赵玉禄.食品检验工[M].北京:中国劳动社会保障出版社,2015.
4. 黄芬.实验室中玻璃仪器的洗涤[J].食品安全导刊,2013(3):78-79.
5. 潘红霞,肖传山,郑瑞华,等.化验室常用玻璃仪器的洗涤和干燥[J].中国科技纵横,2012(16):187.
6. 雷文.有机化学实验[M].上海:同济大学出版社,2015.
7. 林深,王世铭.大学化学实验[M].北京:化学工业出版社,2009.
8. 程丽娟,薛泉宏.微生物学实验技术[M].2版.北京:科学出版社,2017.
9. 黄亚东,时小艳.微生物实验技术[M].北京:中国轻工业出版社,2013.
10. 周德庆,徐德强.微生物学实验教程[M].北京:高等教育出版社,2013.
11. 陆家政.无机化学实验[M].北京:科学出版社,2017.
12. 高明慧.无机化学实验[M].2版.北京:科学出版社,2016.
13. 陈卫华.实验室安全风险控制与管理[M].北京:化学工业出版社,2017.